해법 기초계산 A3

1 4주 완성의 계획적인 수학 학습!

2 시간 내 푸는 연습을 통한 실전 감각 향상!

3 다양한 구성의 문제로 사고력 향상!

계산력이 왜 중요한가?

선생님! 계산력이 왜 중요한가요?

수학 만점으로 가는 길은 계산력에서 시작한단다. 왜 중요한지 수학의 아버지 피타고라스 선생님에게 물어볼까?

계산력은 수학의 뿌리!
계산력 없이 수학은 생각할 수 없지.
수학은 계통성의 학문이라고 해.
역연산으로 인해 덧셈이 뺄셈의 기초가 되고,
곱셈이 확립되어야
나눗셈이 가능해지기 때문이지.
따라서 수학의 근간인 기초 계산력을
완벽하게 다져 주는 것이야말로
수학 만점으로 가는 첫걸음이지.

구성과 특징

개념 만화

만화를 통한 원리 깨치기

만화를 통한 계산 원리와 개념을
이해할 수 있습니다.

1단계

집중 연습으로 계산력 다지기

집중 연습 문제로 기초 계산력을
완벽하게 다질 수 있습니다.

2단계

퍼즐형 문제로 정확성 기르기

흥미로운 퍼즐형 문제로 이루어져
집중력과 정확성까지 기를 수 있습니다.

3단계

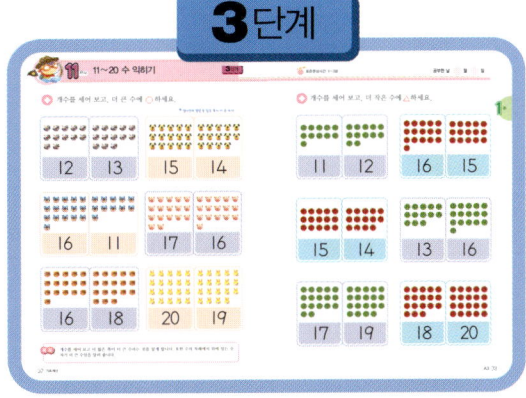

다양한 문제로 사고력 키우기

다양한 문제를 통해 수학적 사고력과
문제 해결력을 높일 수 있습니다.

내용 구성표

권	주	A단계 (5~7세)	B단계 (5~7세)	C단계 (5~7세)
1권	1	일대일 대응, 많다·적다	더하기 3 : (1~7)+3	빼기 5 : (1~20)-5
	2	1~5 수 익히기	더하기 3 : (1~17)+3	빼기 6 : (1~20)-6
	3	1~5 수 익히기	더하기 3 : (1~27)+3	빼기 4, 5, 6의 종합
	4	0, 6~10 수 익히기	더하기 1, 2, 3의 종합	더하기·빼기의 종합 ①
2권	1	0, 6~10 수 익히기	빼기 1 : (1~10)-1	더하기·빼기의 종합 ②
	2	1~10 종합	빼기 1 : (1~20)-1	더하기 7 : (1~9)+7
	3	수 가르기와 수 모으기(1, 2, 3, 4, 5)	빼기 2 : (1~10)-2	더하기 7 : (1~19)+7
	4	수 가르기와 수 모으기(6, 7, 8, 9, 10)	빼기 2 : (1~20)-2	더하기 7 : (1~23)+7
3권	1	11~20 수 익히기	빼기 3 : (1~10)-3	더하기 8 : (1~9)+8
	2	11~20 수 익히기	빼기 3 : (1~20)-3	더하기 8 : (1~22)+8
	3	1~20 종합	빼기 1, 2, 3의 종합	더하기 9 : (1~9)+9
	4	21~30 수 익히기	더하기·빼기의 관계 ①	더하기 9 : (1~21)+9
4권	1	31~40 수 익히기	더하기·빼기의 관계 ②	더하기 10 : (1~20)+10
	2	41~50 수 익히기	더하기 4 : (1~6)+4	더하기 7, 8, 9, 10의 종합
	3	1~50 종합	더하기 4 : (1~16)+4	더하기 1~10의 종합
	4	51~70 수 익히기	더하기 4 : (1~26)+4	빼기 7 : (1~20)-7
5권	1	71~100 수 익히기	더하기 5 : (1~9)+5	빼기 8 : (1~20)-8
	2	1~100 종합	더하기 5 : (1~15)+5	빼기 9 : (1~20)-9
	3	더하기 1 : (1~9)+1	더하기 5 : (1~25)+5	빼기 10 : (1~20)-10
	4	더하기 1 : (1~19)+1	더하기 6 : (1~9)+6	빼기 7, 8, 9, 10의 종합
6권	1	더하기 1 : (1~29)+1	더하기 6 : (1~14)+6	빼기 1~10의 종합
	2	더하기 2 : (1~8)+2	더하기 6 : (1~24)+6	더하기·빼기의 종합 ③
	3	더하기 2 : (1~18)+2	더하기 4, 5, 6의 종합	더하기·빼기의 종합 ④
	4	더하기 2 : (1~28)+2	빼기 4 : (1~20)-4	재미있는 더하기·빼기의 규칙

권	주	D단계 (초1)	E단계 (초2)	F단계 (초3)	G단계 (초4)
1권	1	더하기 1, 2, 3	받아올림이 있는 (두 자리 수)+(한 자리 수)	(세 자리 수)+(세 자리 수) ①	100, 1000, 10000, 몇백, 몇천 곱하기
	2	합이 5까지인 덧셈	받아내림이 있는 (두 자리 수)-(한 자리 수)	(세 자리 수)+(세 자리 수) ②	(세 자리 수)×(두 자리 수)
	3	합이 9까지인 덧셈	세 수의 덧셈	(세 자리 수)-(세 자리 수) ①	(네 자리 수)×(두 자리 수)
	4	받아올림이 없는 (한 자리 수)+(한 자리 수)	세 수의 뺄셈	(세 자리 수)-(세 자리 수) ②	(세 자리 수)×(세 자리 수)
2권	1	빼기 1, 2, 3	일의 자리에서 받아올림이 있는 (두 자리 수)+(두 자리 수)	2, 3, 4, 5의 단 곱셈구구를 이용한 나눗셈	(세 자리 수)÷(한 자리 수)
	2	5까지의 뺄셈	십의 자리에서 받아올림이 있는 (두 자리 수)+(두 자리 수)	6, 7, 8, 9의 단 곱셈구구를 이용한 나눗셈	(두·세 자리 수)÷(몇십)
	3	9까지의 뺄셈	일, 십의 자리에서 받아올림이 있는 (두 자리 수)+(두 자리 수)	곱셈구구를 이용한 나눗셈 ①	(두·세 자리 수)÷(두 자리 수)
	4	(한 자리 수)-(한 자리 수)	받아올림이 있는 (두 자리 수)+(두 자리 수)	곱셈구구를 이용한 나눗셈 ②	(세·네 자리 수)÷(두 자리 수)
3권	1	10이 되는 더하기	받아내림이 있는 (두 자리 수)-(두 자리 수) ①	(두 자리 수)×(한 자리 수) ①	덧셈과 뺄셈의 혼합 계산
	2	10에서 빼기	받아내림이 있는 (두 자리 수)-(두 자리 수) ②	(두 자리 수)×(한 자리 수) ②	곱셈과 나눗셈의 혼합 계산
	3	세 수의 계산 ①	세 수의 계산 ①	(두 자리 수)×(한 자리 수) ③	혼합 계산 1
	4	세 수의 계산 ②	세 수의 계산 ②	(두 자리 수)×(한 자리 수) ④	혼합 계산 2
4권	1	받아올림이 없는 (두 자리 수)+(한 자리 수)	2, 3, 4, 5의 단 곱셈구구	(네 자리 수)+(세 자리 수)	분수의 이해 1
	2	받아올림이 없는 (두 자리 수)+(두 자리 수)	6, 7, 8, 9의 단 곱셈구구	(네 자리 수)+(네 자리 수)	분수의 이해 2
	3	받아내림이 없는 (두 자리 수)-(한 자리 수)	곱셈구구 ①	(네 자리 수)-(세 자리 수)	분수의 이해 3
	4	받아내림이 없는 (두 자리 수)-(두 자리 수)	곱셈구구 ②	(네 자리 수)-(네 자리 수)	분수의 덧셈
5권	1	두 수의 합이 10이 되는 세 수의 덧셈	받아올림이 없는 (세 자리 수)+(세 자리 수)	(세 자리 수)×(한 자리 수)	분수의 덧셈
	2	(한 자리 수)+(한 자리 수) ①	일의 자리에서 받아올림이 있는 (세 자리 수)+(세 자리 수)	(한 자리 수)×(두 자리 수)	분수의 뺄셈 1
	3	(한 자리 수)+(한 자리 수) ②	십의 자리에서 받아올림이 있는 (세 자리 수)+(세 자리 수)	(두 자리 수)×(두 자리 수) ①	분수의 뺄셈 2
	4	(한 자리 수)+(한 자리 수)의 종합	일, 십의 자리에서 받아올림이 있는 (세 자리 수)+(세 자리 수)	(두 자리 수)×(두 자리 수) ②	세 분수의 덧셈과 뺄셈
6권	1	(십 몇)-(한 자리 수) ①	받아내림이 없는 (세 자리 수)-(세 자리 수)	(두 자리 수)÷(한 자리 수) ①	소수 한 자리 수의 덧셈
	2	(십 몇)-(한 자리 수) ②	십의 자리에서 받아내림이 있는 (세 자리 수)-(세 자리 수)	(두 자리 수)÷(한 자리 수) ②	소수 두·세 자리 수의 덧셈
	3	세 수의 덧셈	백의 자리에서 받아내림이 있는 (세 자리 수)-(세 자리 수)	(두 자리 수)÷(한 자리 수) ③	소수 한 자리 수의 뺄셈
	4	세 수의 뺄셈	십, 백의 자리에서 받아내림이 있는 (세 자리 수)-(세 자리 수)	(두 자리 수)÷(한 자리 수) ④	소수 두·세 자리 수의 뺄셈

Q&A 활용 가이드

Q

아이 수준을 몰라서
어느 단계의 교재를
선택하면 될지 모르겠어요.

A

한 페이지에서
틀린 문제가 6문제 이상이면
이전 단계의
교재부터 시작하세요.

계산 실수를 자주 해요.

정해진 시간 안에 푸는
연습으로 실전 감각을
키우세요.

시험 시간이 부족해요.

매일매일 공부하는
습관으로
정확성을 키우세요.

공부 계획을
스스로 세우기 힘들어요.

스케줄표를 이용해
계획을 세워
2주, 4주 완성에 도전하세요.

4주 완성 스케줄표

활용 방법 매일 2장(2차시)씩 풀면 24일 만에 완성할 수 있습니다.

1주	1일	2일	3일	4일	5일	6일
확인	12~15쪽	16~19쪽	20~23쪽	24~27쪽	28~31쪽	32~35쪽

2주	7일	8일	9일	10일	11일	12일
확인	40~43쪽	44~47쪽	48~51쪽	52~55쪽	56~59쪽	60~63쪽

3주	13일	14일	15일	16일	17일	18일
확인	68~71쪽	72~75쪽	76~79쪽	80~83쪽	84~87쪽	88~91쪽

4주	19일	20일	21일	22일	23일	24일
확인	96~99쪽	100~103쪽	104~107쪽	108~111쪽	112~115쪽	116~119쪽

※ 매일 4장(4차시)씩 풀면 12일 만에 완성할 수 있습니다.

1주 11~20 수 익히기

학습 체크표 매일 학습이 끝나면 채점을 하고 체크표를 작성하여 나의 실력을 알아보세요.

차시	단계	공부한 날		잘 했나요?
1차시		월	일	😊 🙂 😑 😣
2차시		월	일	😊 🙂 😑 😣
3차시		월	일	😊 🙂 😑 😣
4차시		월	일	😊 🙂 😑 😣
5차시	1단계	월	일	😊 🙂 😑 😣
6차시		월	일	😊 🙂 😑 😣
7차시		월	일	😊 🙂 😑 😣
8차시		월	일	😊 🙂 😑 😣
9차시	2단계	월	일	😊 🙂 😑 😣
10차시		월	일	😊 🙂 😑 😣
11차시	3단계	월	일	😊 🙂 😑 😣
12차시		월	일	😊 🙂 😑 😣

틀린 개수가

0~1 개이면 😊(아주 잘함)에, 2~3 개이면 🙂(잘함)에,

4~5 개이면 😑(보통)에, 6개 이상이면 😣(노력 바람)에 색칠해 주세요.

만화로 개념 알아보기

1주

학습목표 여러 가지 구체물과 블록 등을 세어 보며 11부터 20까지의 수를 익혀 바르게 읽고 쓸 수 있습니다.

구슬 열한 개만 가져가는 거야.

와~ 신난다!

하나, 둘, 셋 … 아홉, 열, 다시 하나, 둘….

어? 잠깐만!

선생님이 열한 개만 가져가 라고 했잖니.

열한 개요? 저는 열까지밖에 셀 줄 몰라요.

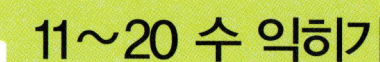
➕ 개수를 세어 보고, 그 수만큼 칸을 색칠하세요.

 10 이상의 수는 10과 몇이라는 식으로 알려 줍니다. 11개는 10개가 있고 1개 더 있으니까 '열하나 또는 십일'이라고 알게 합니다.

✚ 개수를 세어 보고, 그 수만큼 칸을 색칠하세요.

✚ 개수를 세어 보고, 수를 쓰세요.

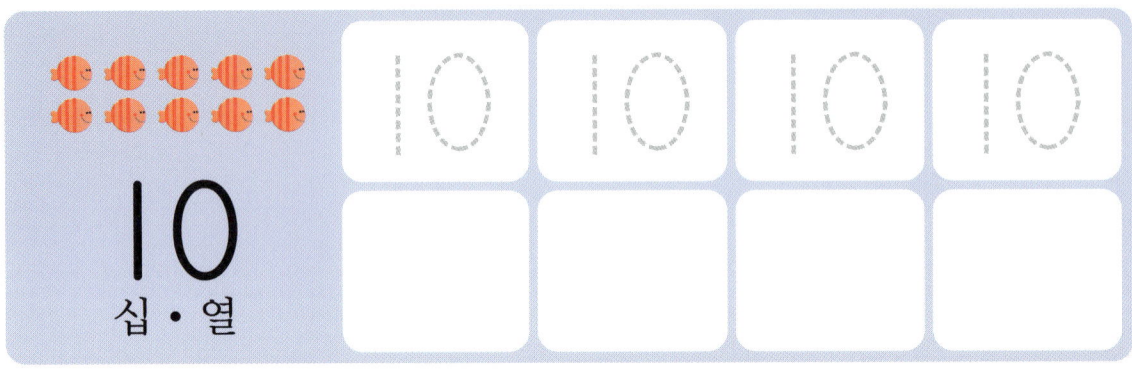

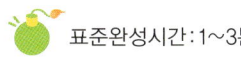
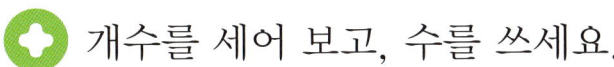 개수를 세어 보고, 수를 쓰세요.

1주

13
십삼 · 열셋

14
십사 · 열넷

15
십오 · 열다섯

➕ 개수를 세어 보고, 수를 쓰세요.

16
십육 · 열여섯

17
십칠 · 열일곱

18
십팔 · 열여덟

10 11 12 13 14 15 16 17 18 19 20

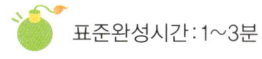

개수를 세어 보고, 수를 쓰세요.

1주

18
십팔 · 열여덟

19
십구 · 열아홉

20
이십 · 스물

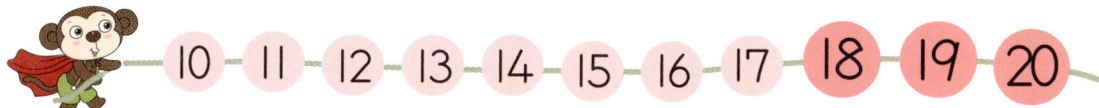

11~20 수 익히기

1 단계

✚ 수를 따라 쓰고, 그 수만큼 색칠하세요.

| 11 | 11 | □ □ □ □ □ □ □ □ □ □
□ □ □ □ □ □ □ □ □ □ |

| 12 | 12 | ⬡ ⬡ ⬡ ⬡ ⬡ ⬡ ⬡ ⬡ ⬡ ⬡
⬡ ⬡ ⬡ ⬡ ⬡ ⬡ ⬡ ⬡ ⬡ ⬡ |

| 13 | 13 | □ □ □ □ □ □ □ □ □ □
□ □ □ □ □ □ □ □ □ □ |

| 14 | 14 | ⬡ ⬡ ⬡ ⬡ ⬡ ⬡ ⬡ ⬡ ⬡ ⬡
⬡ ⬡ ⬡ ⬡ ⬡ ⬡ ⬡ ⬡ ⬡ ⬡ |

| 15 | 15 | □ □ □ □ □ □ □ □ □ □
□ □ □ □ □ □ □ □ □ □ |

꼭꼭 11은 열하나, 12는 열둘이므로 숫자가 의미하는 개수만큼 세어 모양을 색칠하게 합니다.

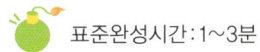
✿ 수를 따라 쓰고, 그 수만큼 묶으세요.

1주

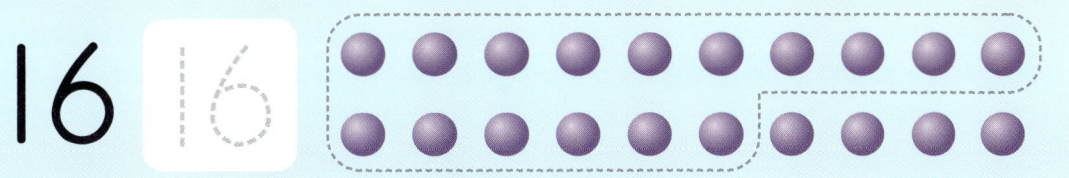

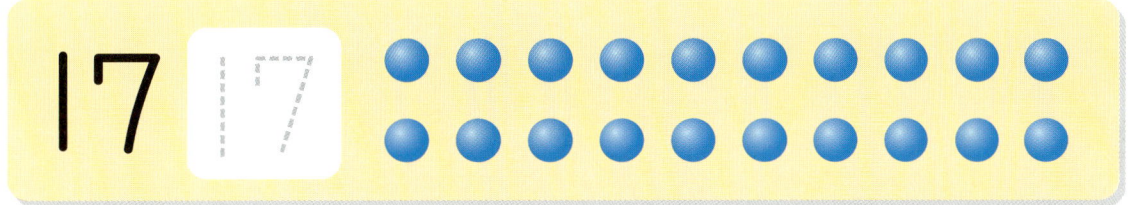

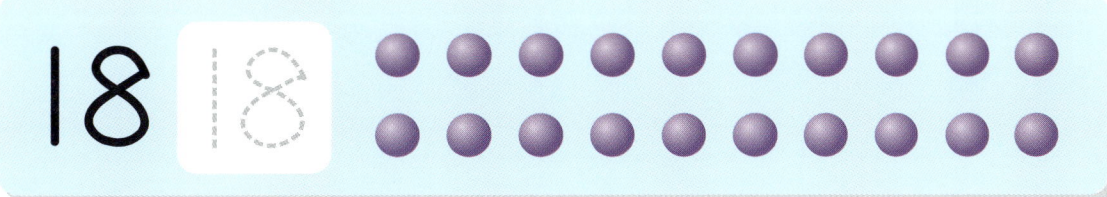

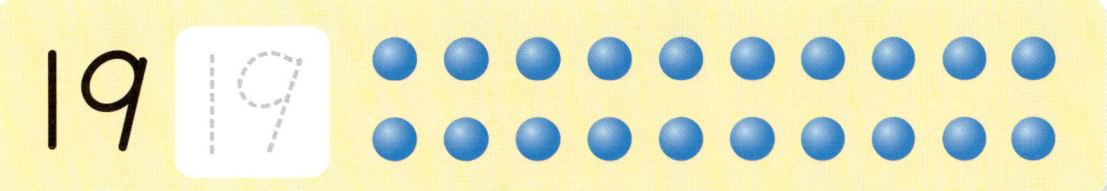

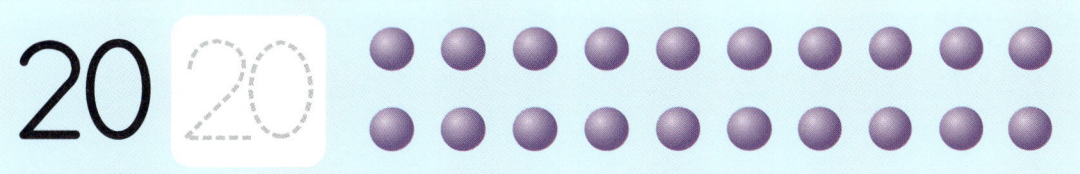

✚ 개수를 세어 보고, 알맞은 수에 ◯하세요.

10개씩 묶음 블록은 10으로 세고,
나머지 낱개를 세면 돼.

12 13

11 12

15 14

14 15

13 11

 꼭꼭 10 이상의 수를 10개씩 묶음과 낱개로 알아봅니다. 10개씩 한 묶음은 10이므로 나머지 낱개의
수를 이어서 세어 보게 합니다.

🍀 개수를 세어 보고, 알맞은 수에 색칠하세요.

 16　17

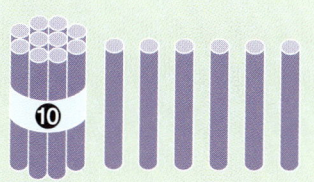 16　19

 19　17

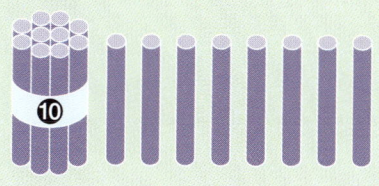 16　18

 19　20

✚ 같은 수끼리 줄로 이으세요.

15

12

20

19

13

왼쪽의 수만큼 ◯를 그리세요.

13은 동그라미 10개에 3개를 더 그리면 되겠구나.

1주

13

14

17

11

20

✿ 개수를 세어 보고, ☐ 안에 알맞은 수를 쓰세요.

꼭꼭 개수가 많아질 때는 5개 또는 10개씩 끊어 세면 수 세기가 편해집니다. 하나씩 연필로 그어 가면서 빠뜨리지 않고 수를 세어 보게 합니다.

표준완성시간 : 1~3분

개수를 세어 보고, ☐ 안에 알맞은 수를 쓰세요.

8 차시 11~20 수 익히기   1단계

○ 개수를 세어 보고, ☐ 안에 알맞은 수를 쓰세요.

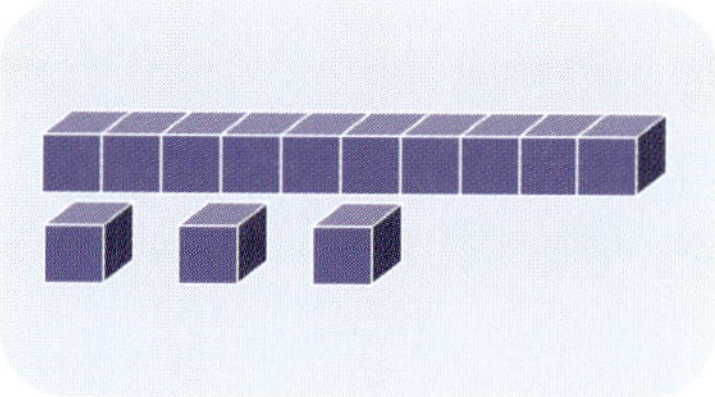

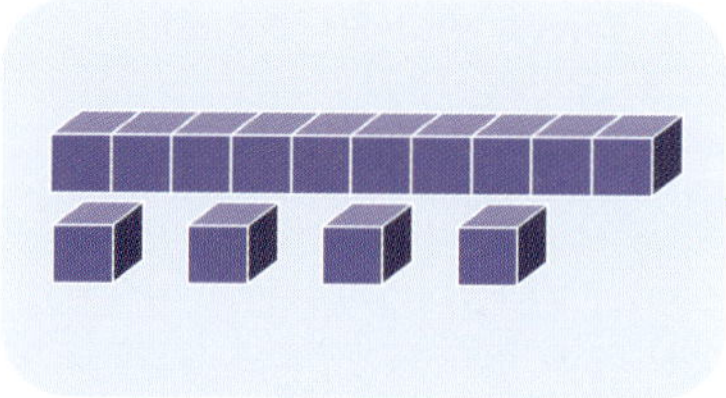

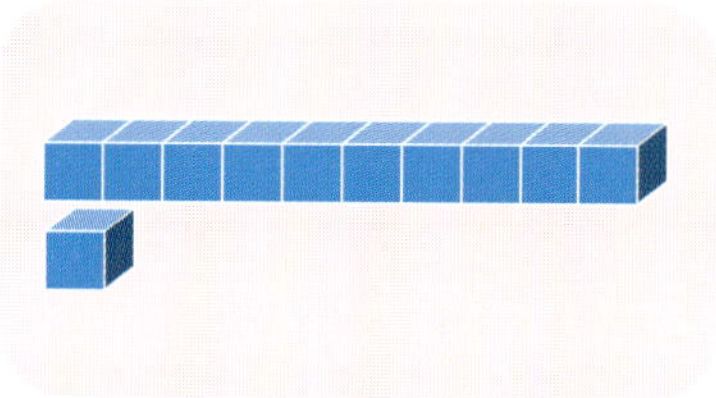

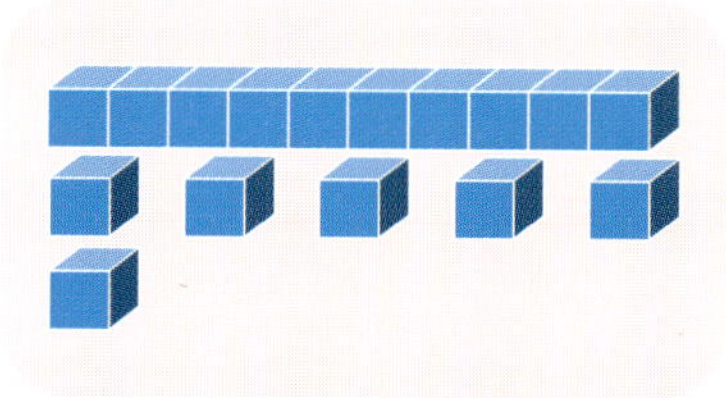

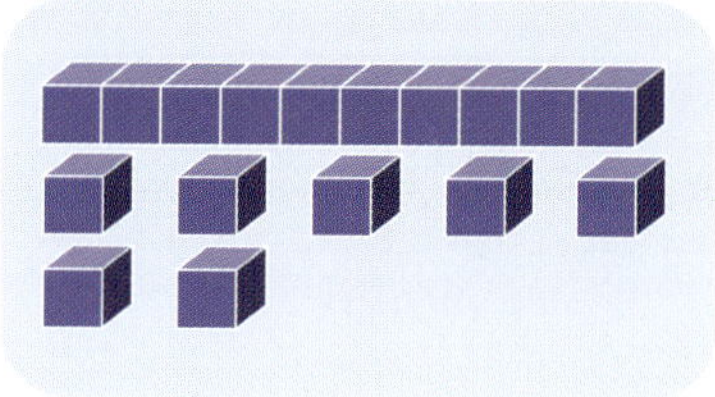

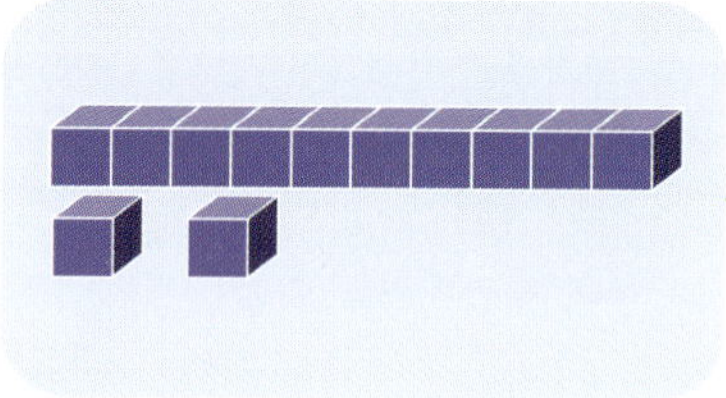

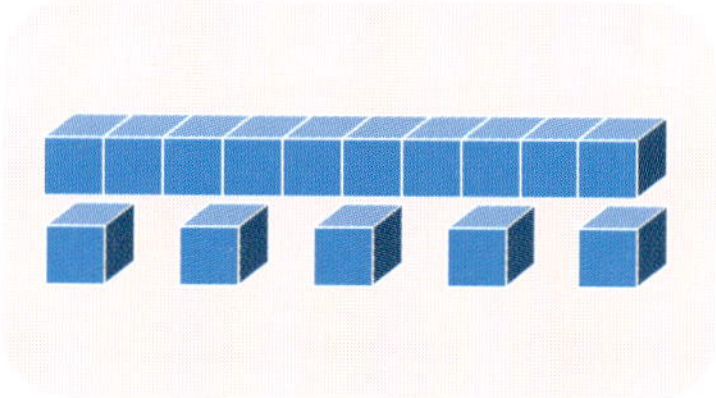

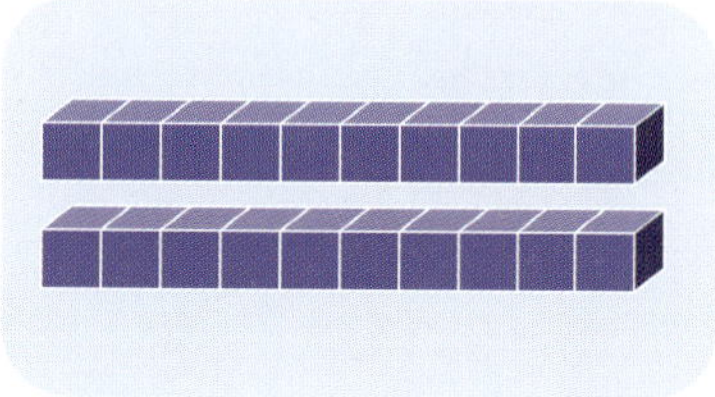

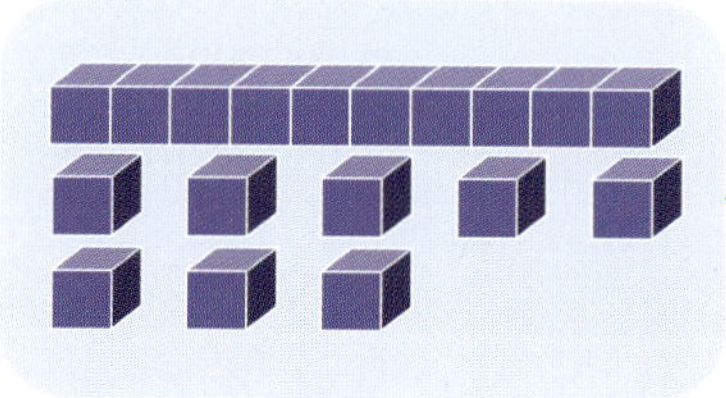

11부터 20까지 수의 순서대로 길을 따라 가세요.

1주

빈칸에 알맞은 수를 쓰세요.

1		3	4	
6		8		10
	12		14	
16				20

11				15
	17		19	

	12		14	
		18		20

 꼭꼭 수를 쓰기 전에 1부터 20까지의 수를 큰 소리로 세어 보게 합니다. 그런 다음 11부터 수를 천천히 세어 보며 빠진 숫자를 쓰게 합니다.

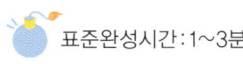
빈칸에 알맞은 수를 쓰세요.

 11 다음의 수와 13 다음의 수를 잘 생각해 봐.

1주

11		13		15

16		18		20

15		17		19

	14		16	

12			15	

10 차시 11~20 수 익히기　　**2**단계

⬥ 빈칸에 알맞은 수를 쓰세요.

> 20부터 수를 거꾸로 세어 봐.

20	19	18	17	16
15		13		11
	9		7	
5				1

	19		16
15		12	

20			17	
	14			11

꼭꼭 20부터 1까지 수를 거꾸로 세어 수의 차례를 익혀 봅니다. 수를 잘못 세지 않도록 천천히 세면서 충분히 반복 연습하며 빼기의 기초를 다집니다.

➕ 빈칸에 알맞은 수를 쓰세요.

❋ 11부터 차례로 수를 알아볼까?

11	12			15
			15	16
13	14		16	
	15		17	
15		17		
	17	18		20

꼭꼭　11부터 20까지 수의 차례대로 가로와 세로로 이어지는 수퍼즐을 풀어 봅니다. 위에서부터 차례로 빈칸에 빠진 수를 써 내려오면서 수의 차례를 재미있게 익히게 합니다.

➕ 개수를 세어 보고, 더 큰 수에 ◯ 하세요.

✱ 열다섯과 열넷 중 많은 쪽이 더 큰 수야.

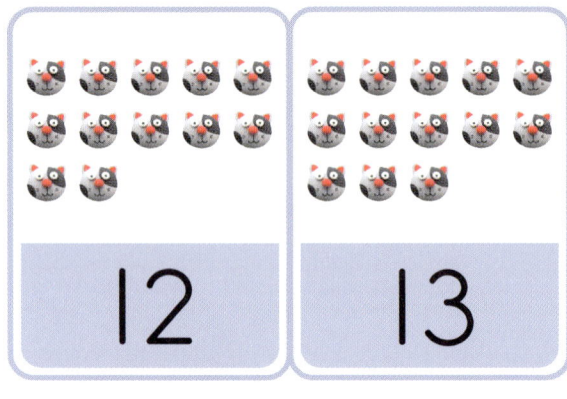

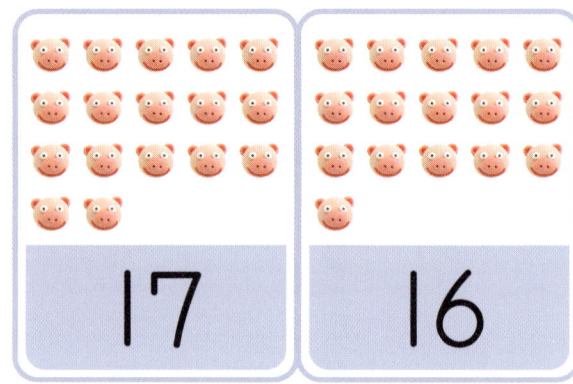

 개수를 세어 보고 더 많은 쪽이 더 큰 수라는 것을 알게 합니다. 또한 수의 차례에서 뒤에 있는 숫자가 더 큰 수임을 알려 줍니다.

개수를 세어 보고, 더 작은 수에 △하세요.

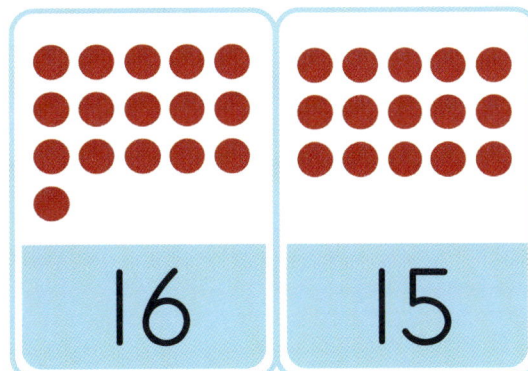

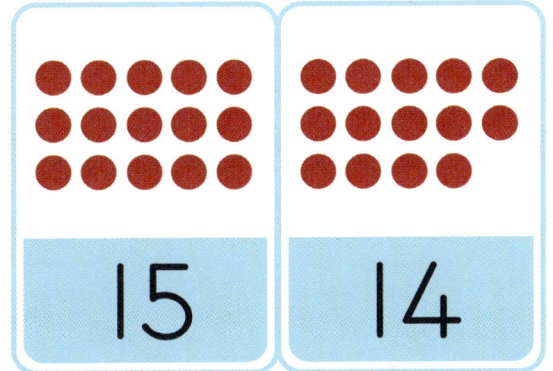

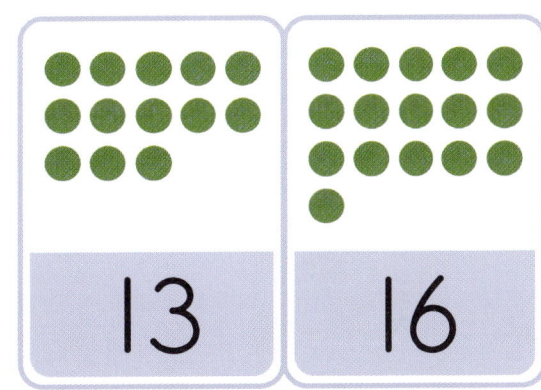

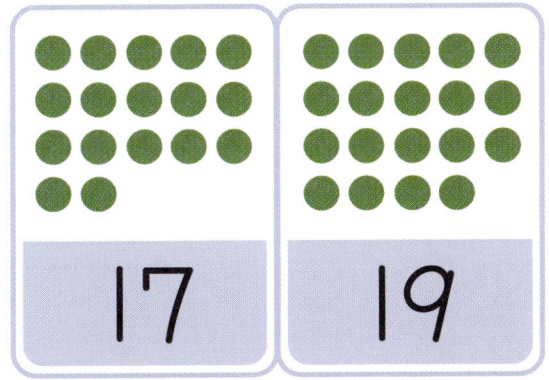

➕ 왼쪽의 수보다 더 큰 수에 ◯하세요.

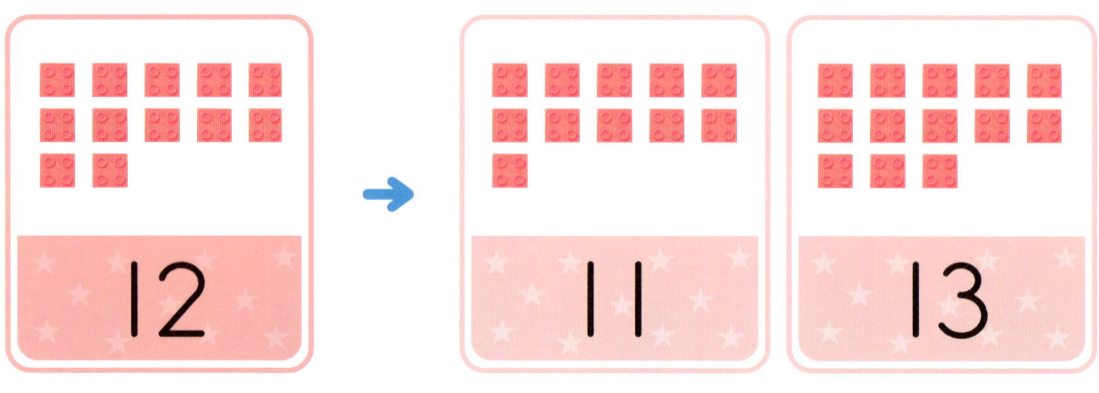

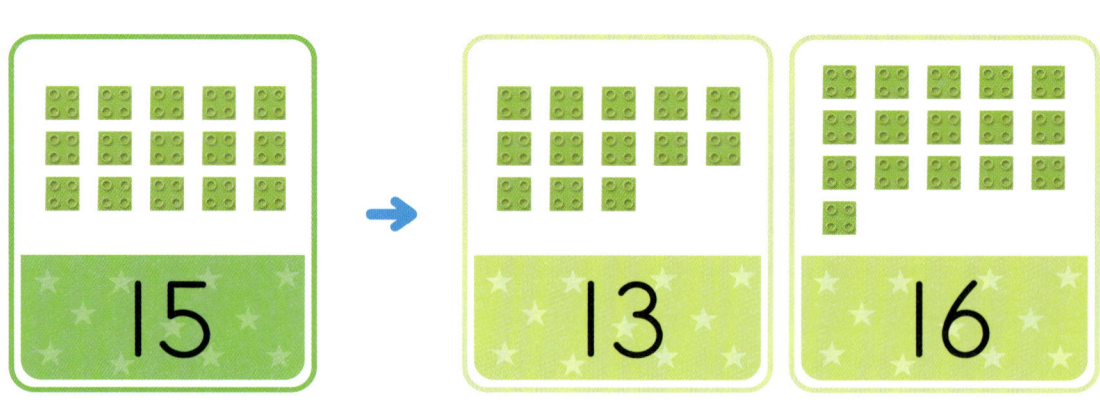

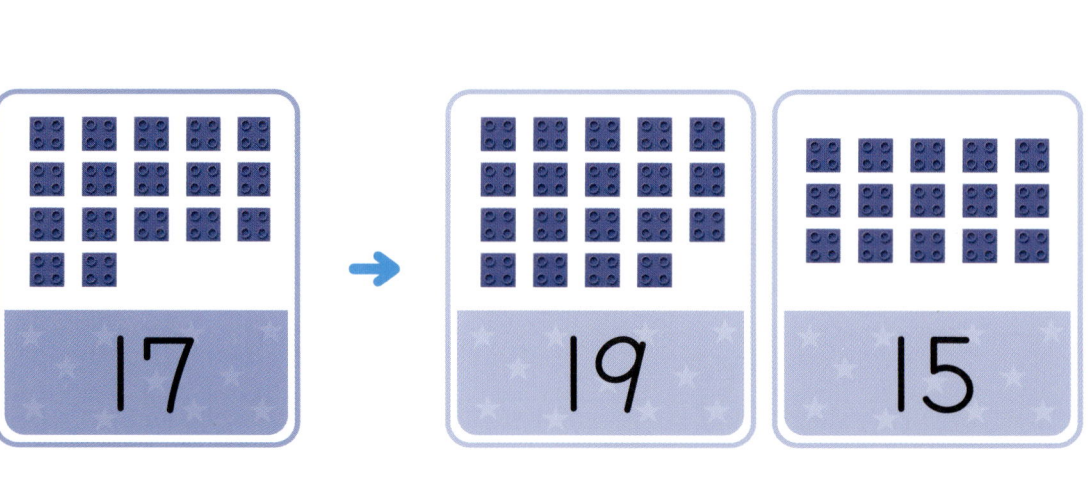

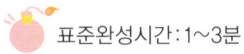
 왼쪽의 수보다 더 작은 수에 △하세요.

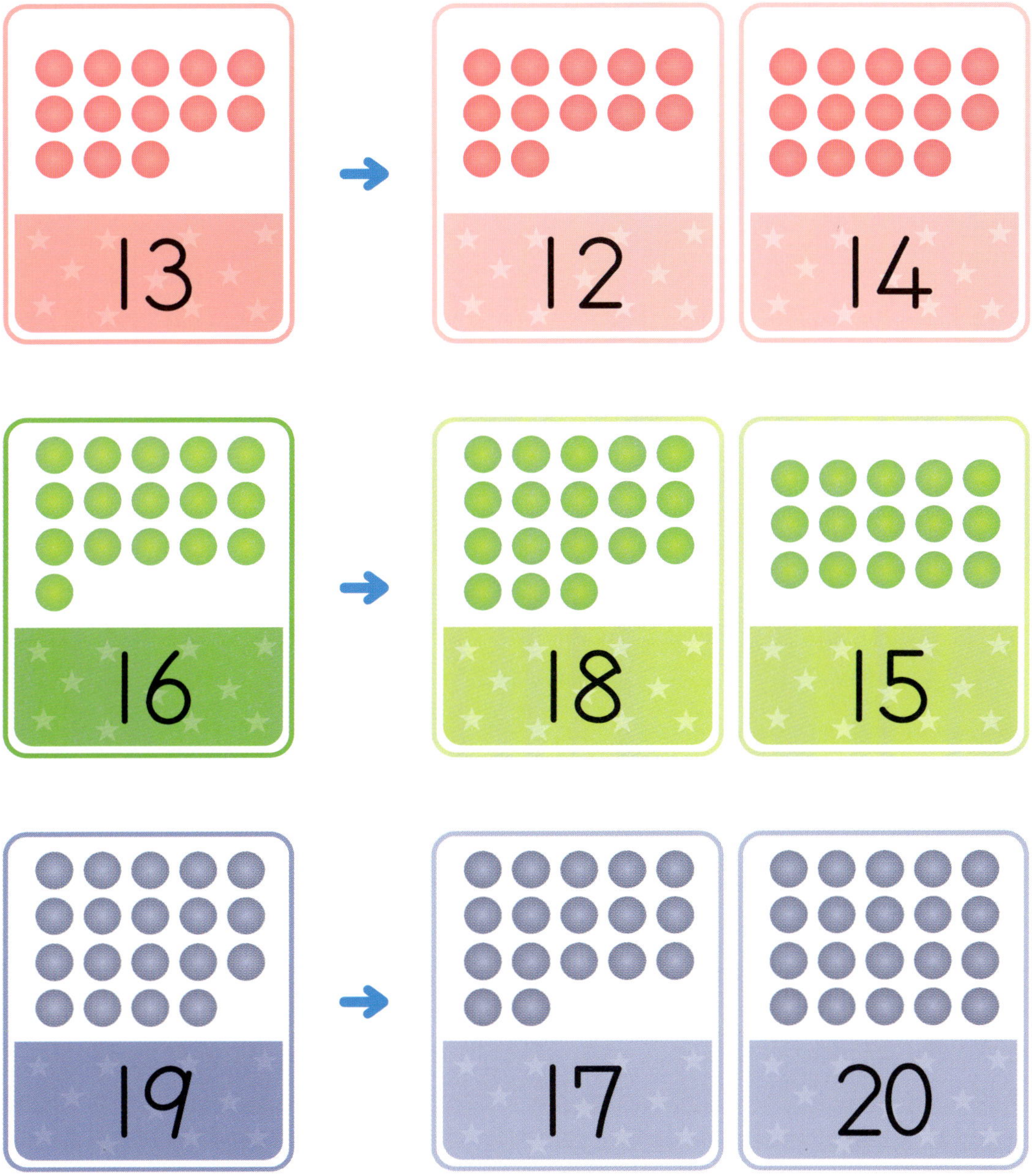

1주

13 → 12 14

16 → 18 15

19 → 17 20

 꼭꼭 개수가 적은 것이 더 작은 수이므로 개수를 세어 더 적은 수를 찾게 하거나 또는 수의 차례에서 앞에 있는 숫자가 더 작은 수임을 알려 줍니다.

2주 11~20 수 익히기

차시	단계	공부한 날	잘 했나요?			
13차시	1단계	월 일	😊	🙂	😑	😣
14차시		월 일	😊	🙂	😑	😣
15차시		월 일	😊	🙂	😑	😣
16차시		월 일	😊	🙂	😑	😣
17차시		월 일	😊	🙂	😑	😣
18차시		월 일	😊	🙂	😑	😣
19차시		월 일	😊	🙂	😑	😣
20차시		월 일	😊	🙂	😑	😣
21차시	2단계	월 일	😊	🙂	😑	😣
22차시		월 일	😊	🙂	😑	😣
23차시	3단계	월 일	😊	🙂	😑	😣
24차시		월 일	😊	🙂	😑	😣

틀린 개수가

0~1개이면 😊(아주 잘함)에, 2~3개이면 🙂(잘함)에,

4~5개이면 😑(보통)에, 6개 이상이면 😣(노력 바람)에 색칠해 주세요.

만화로 개념 알아보기

학습목표 묶음과 낱개의 개념으로 11부터 20까지의 수·양 개념을 이해하고, 수의 크기를 비교할 수 있습니다.

2주

나는 10개에 7개 더 있으니 모두 17개 있어.

난 10개씩 2묶음이니까 모두 20개 있어.

헉! 20개라고? 나보다 더 많네. 난 이제 어쩌지?

흐흐흐

음... 그런데 어느 쪽이 더 적은 거지?

엥?

➕ 10개씩 묶어 세어 보고, 수를 따라 쓰세요.

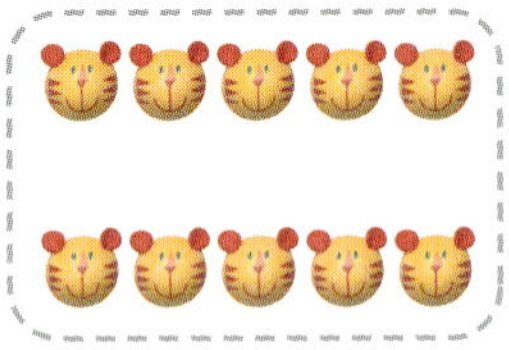

10개씩 묶음	낱개
1	0

➡ 10

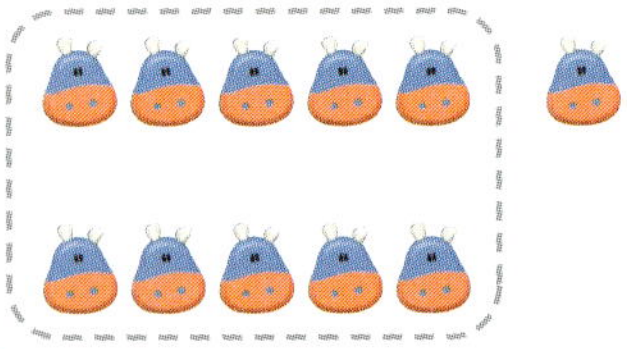

10개씩 묶음	낱개
1	1

➡ 11

10개씩 묶음	낱개
1	2

➡ 12

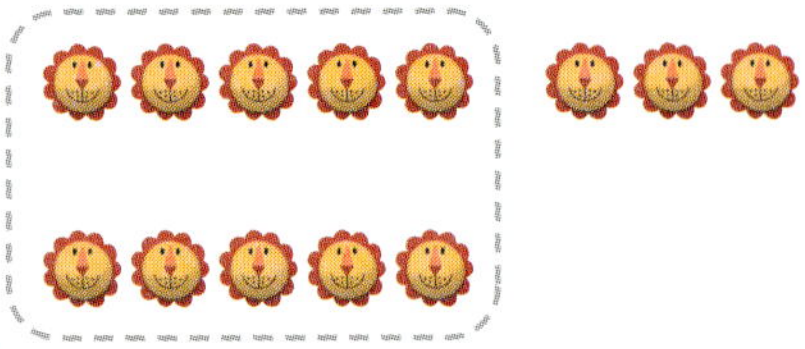

10개씩 묶음	낱개
1	3

➡ 13

 10 이상의 숫자는 10개씩 묶어서 세는 것이 쉽다는 것을 알게 합니다. 10개씩 묶음과 낱개의 수가 몇 개씩인지 하나씩 세어 보며 묶음과 낱개의 관계를 이해합니다.

✿ 10개씩 묶어 세어 보고, 수를 따라 쓰세요.

10개씩 묶음	낱개
1	3

→ 13

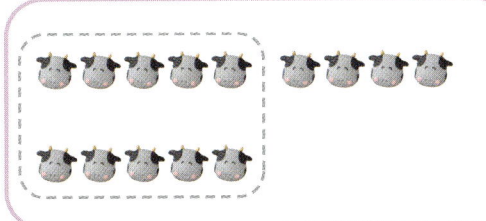

10개씩 묶음	낱개
1	4

→ 14

10개씩 묶음	낱개
1	5

→ 15

10개씩 묶음	낱개
1	6

→ 16

➕ 10개씩 묶어 세어 보고, 수를 따라 쓰세요.

같은 수끼리 줄로 이으세요.

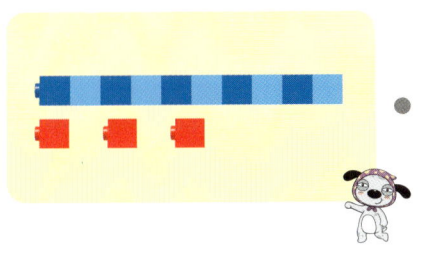

10개씩 묶음	낱개
1	2

2주

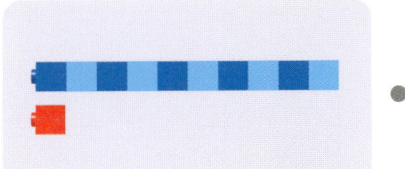

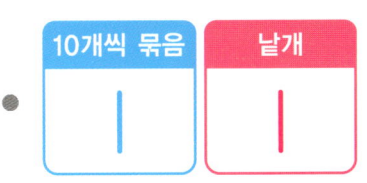

10개씩 묶음	낱개
1	1

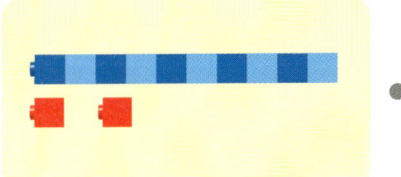

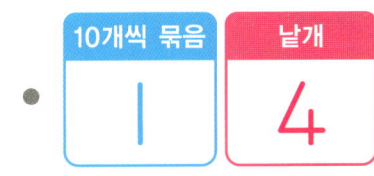

10개씩 묶음	낱개
1	4

10개씩 묶음	낱개
1	3

10개씩 묶음	낱개
1	5

꼭꼭   수블록 1줄은 10개이므로 10개씩 1묶음과 낱개의 수를 세면서 11부터 15까지의 수를 익히게 합니다.

11~20 수 익히기

❁ 같은 수끼리 줄로 이으세요.

 · ·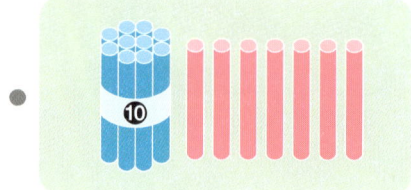

 · ·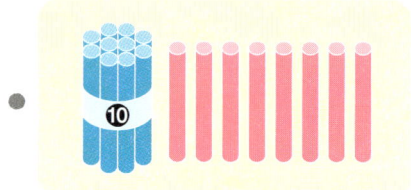

 · ·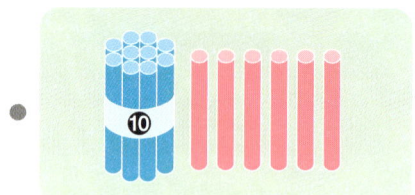

 · ·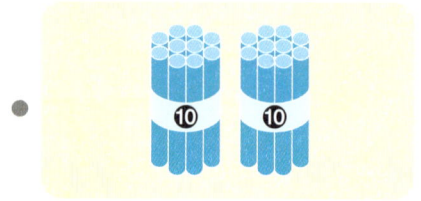

 · ·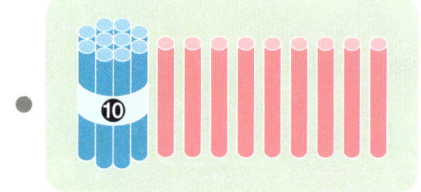

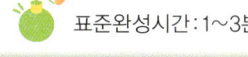

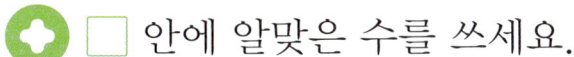

□ 안에 알맞은 수를 쓰세요.

10개씩 묶음	낱개	
1	1	→

10개씩 묶음	낱개	
1	3	→

10개씩 묶음	낱개	
1	4	→

10개씩 묶음	낱개	
1	6	→

10개씩 묶음	낱개	
1	8	→

10개씩 묶음	낱개	
1	2	→

10개씩 묶음	낱개	
1	7	→

10개씩 묶음	낱개	
1	5	→

10개씩 묶음	낱개	
1	9	→

10개씩 묶음	낱개	
2	0	→

 10개씩 1묶음인 수는 10이므로 10과 낱개의 수를 두 자리 숫자로 나타내어 쓰게 합니다.

➕ 같은 수끼리 짝지은 것에 모두 ◯하세요.

5개씩 2줄은 10개야.
10개씩 묶어서 세어 봐.

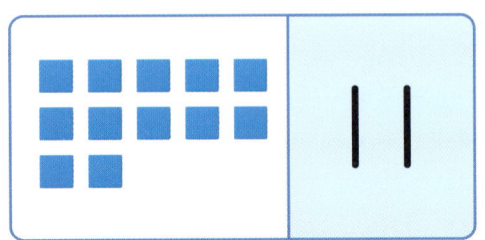

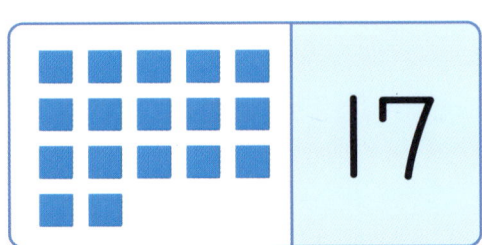

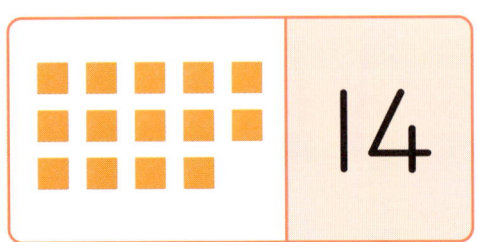

개수를 세어 보고, 알맞은 수에 색칠하세요.

2주

 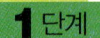

➕ 개수를 세어 보고, ☐ 안에 알맞은 수를 쓰세요.

표준완성시간 : 1~3분

➕ 개수를 세어 보고, ☐ 안에 알맞은 수를 쓰세요.

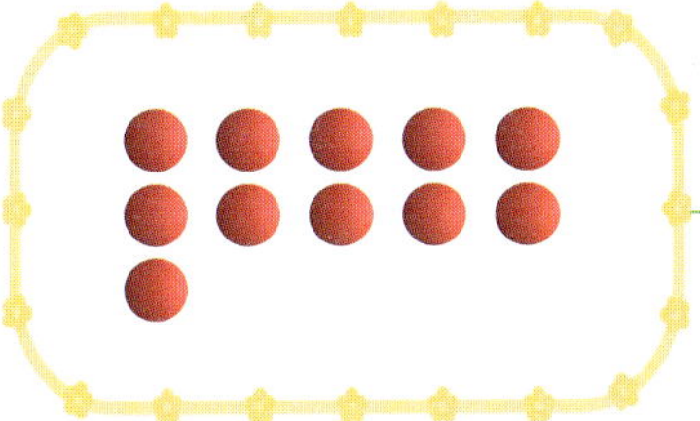

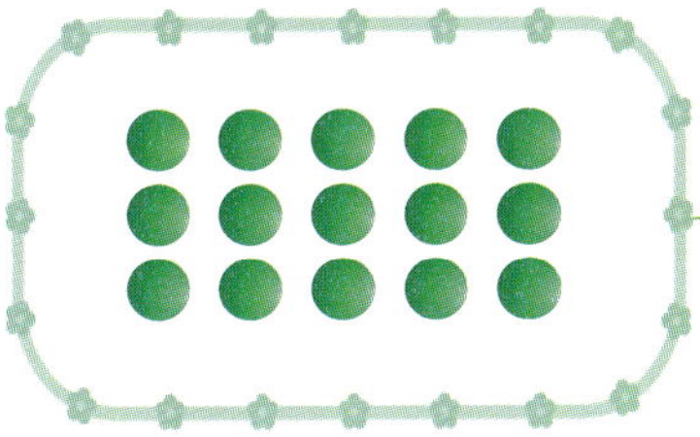

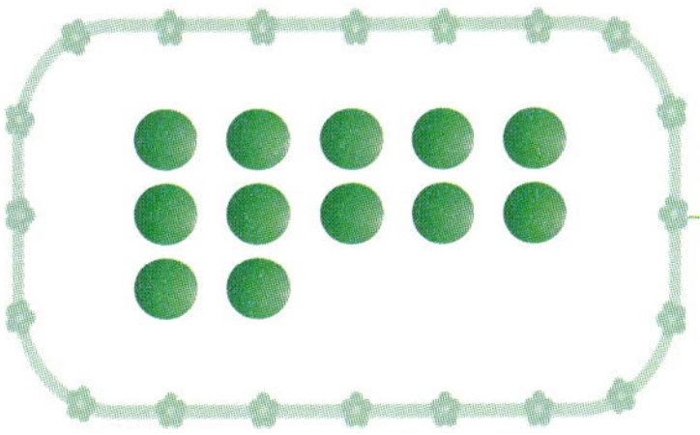

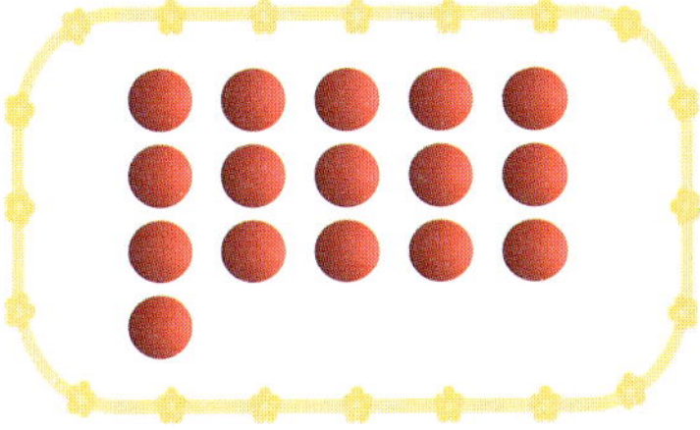

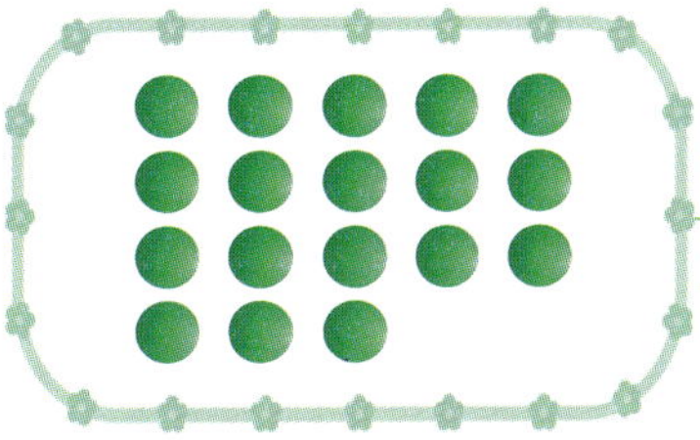

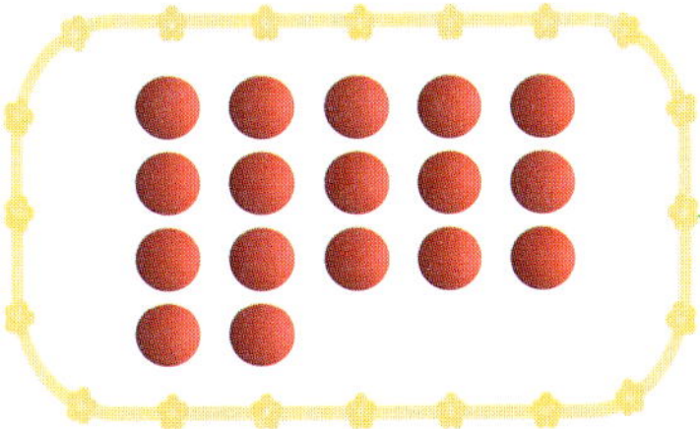

2주

꼭꼭 개수가 많은 수를 셀 때는 5개씩 또는 10개씩 묶어 세면 쉽고 편하게 셀 수 있습니다.

18차시 11~20 수 익히기

1 단계

➕ 개수를 세어 보고, ☐ 안에 알맞은 수를 쓰세요.

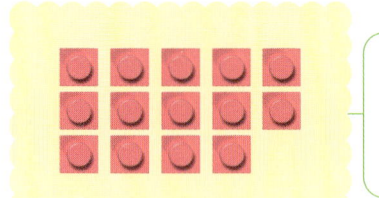    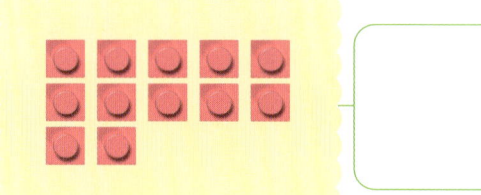

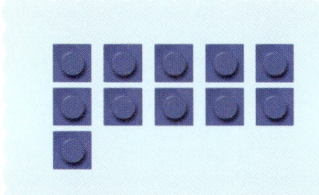    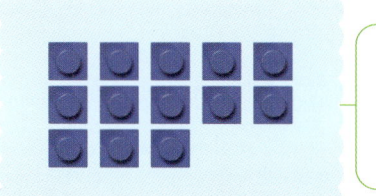 

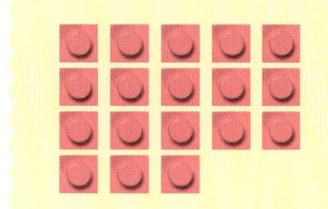    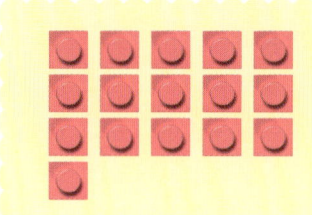 

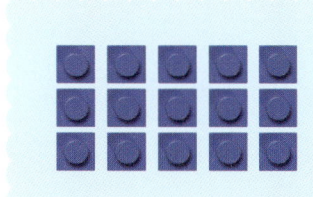     

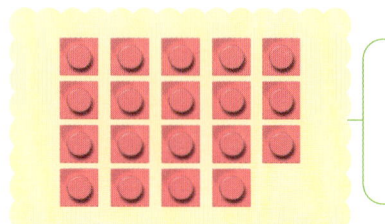 

표준완성시간 : 1~3분

공부한 날　　월　　일

같은 수끼리 줄로 이으세요.

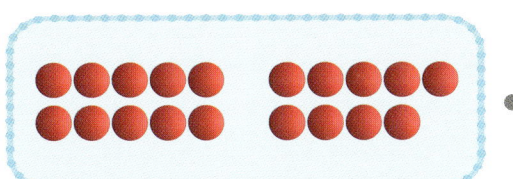　·

·　

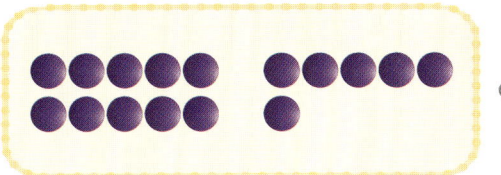　·

·　

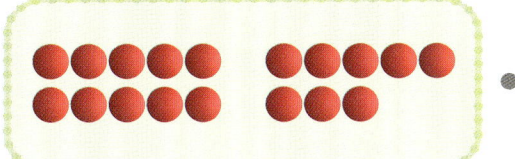　·

·　

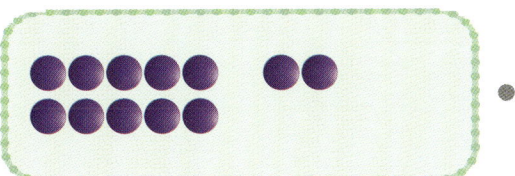　·

·　

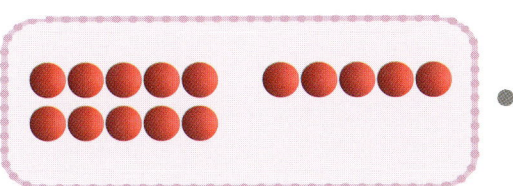　·

·　

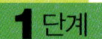
➕ 개수를 세어 보고, ☐ 안에 알맞은 수를 쓰세요.

＊ 10개씩 묶어 세면
쉽게 셀 수 있어요.

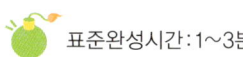

 개수를 세어 보고, ☐ 안에 알맞은 수를 쓰세요.

2^주

✚ 개수를 세어 보고, ☐ 안에 알맞은 수를 쓰세요.

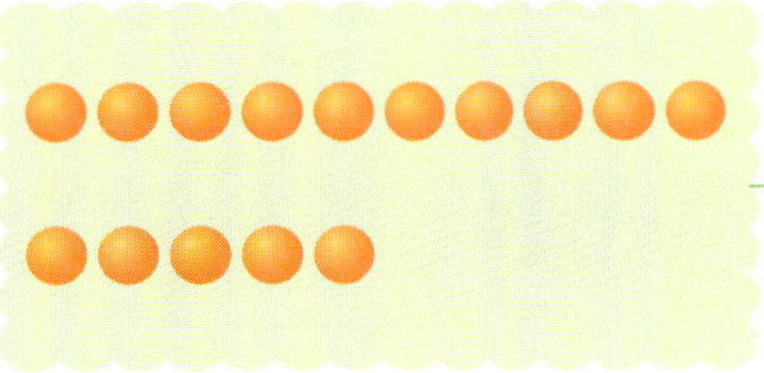

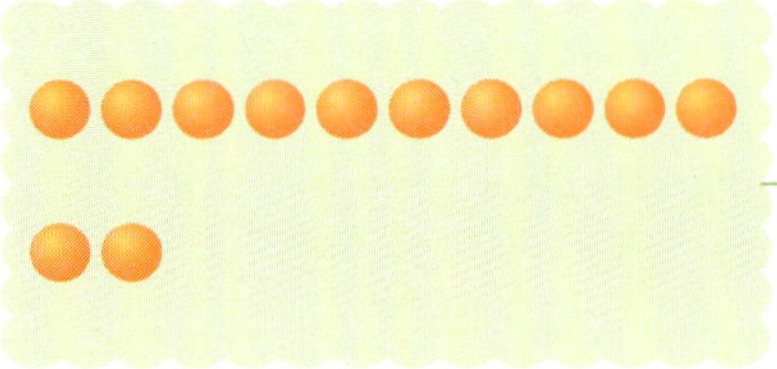

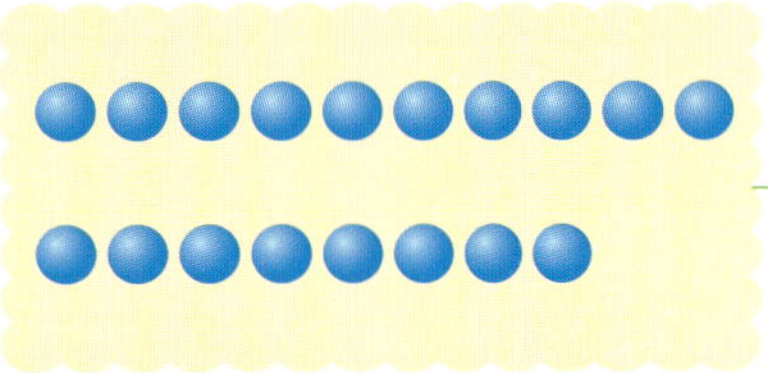

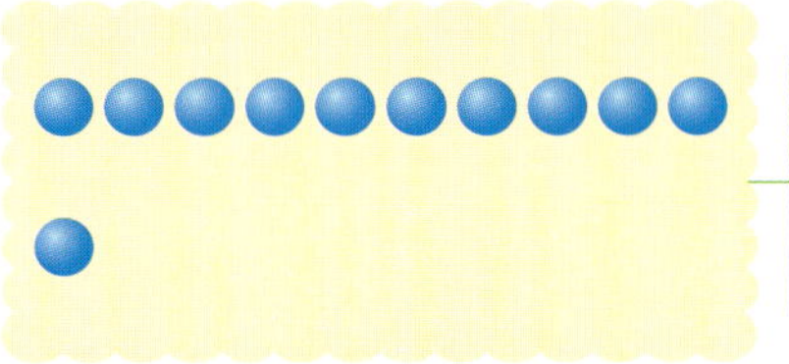

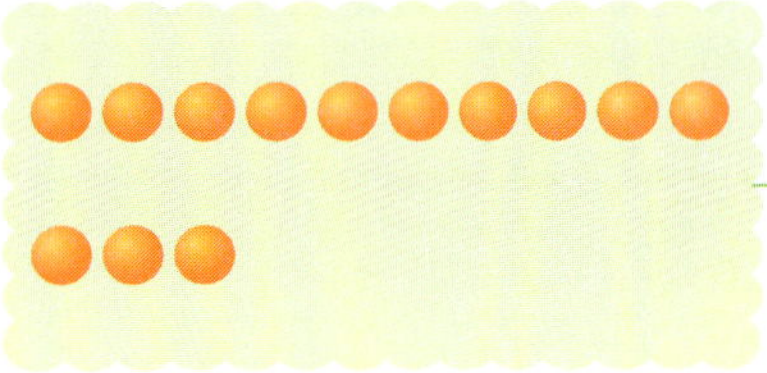

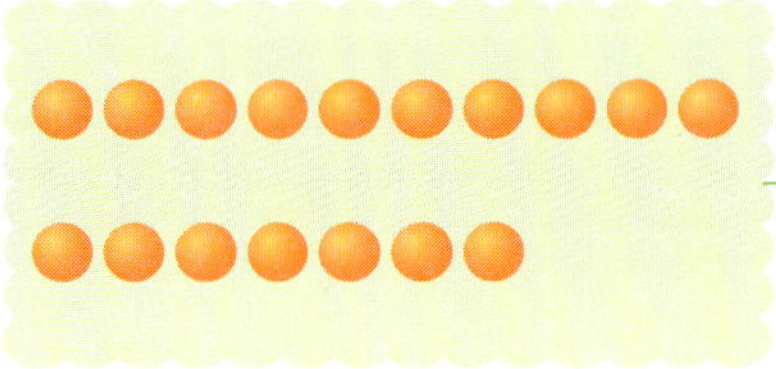

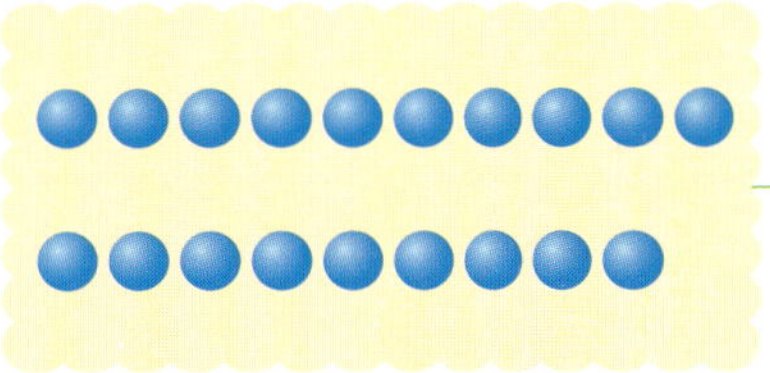

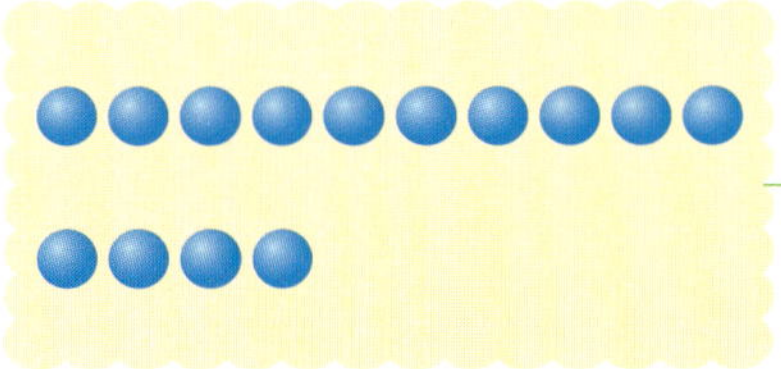

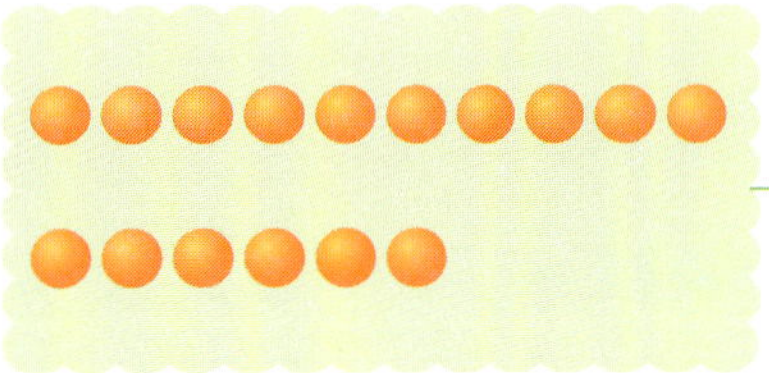

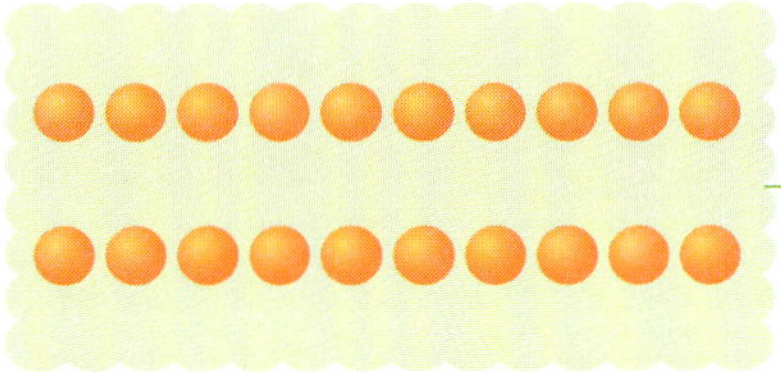

같은 수를 찾아 주어진 색으로 칠하세요.

15 → 16 → 17 →

11　20　12

16

15　18

15

15

13

18　17　14

13

12　16　11

17　19

20　12

✚ 빈칸에 알맞은 수를 쓰세요.

✱ 11부터 수를 차례대로 세어 봐.

11	12			15
	17			20

11		13		15
16		18		

		13	14	
	17		19	

	12		14	
16		18		20

빈칸에 알맞은 수를 쓰세요.

| 11 | | 13 |

| 17 | | 19 |

| | 19 | 20 |

| 16 | | 18 |

| 12 | 13 | |

| 13 | | 15 |

| 15 | | 17 |

| | 15 | |

| 18 | | |

| 12 | | 14 |

◆ 빈칸에 알맞은 수를 쓰세요.

20		18		16
	14			11

	19			16
15		13		11

20			17	
	14	13		

	19	18		
15			12	

 꼭꼭   먼저 11부터 20까지의 수를 차례로 세어 보게 한 후, 20부터 11까지의 수를 천천히 거꾸로 세어 익히게 합니다.

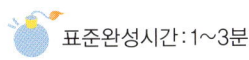

빈칸에 알맞은 수를 쓰세요.

＊11 다음의 수부터 알아볼까?

11		13		15
		14		16
13				
		16		18
15		17		
16	17			

 꼭꼭 왼쪽 또는 위에서부터 차례로 11부터 20까지 수 중 빠진 숫자를 빈칸에 쓰면서 재미있게 수퍼즐을 익히게 하세요.

23 차시 11~20 수 익히기

✿ 왼쪽의 수보다 더 큰 수에 색칠하세요.

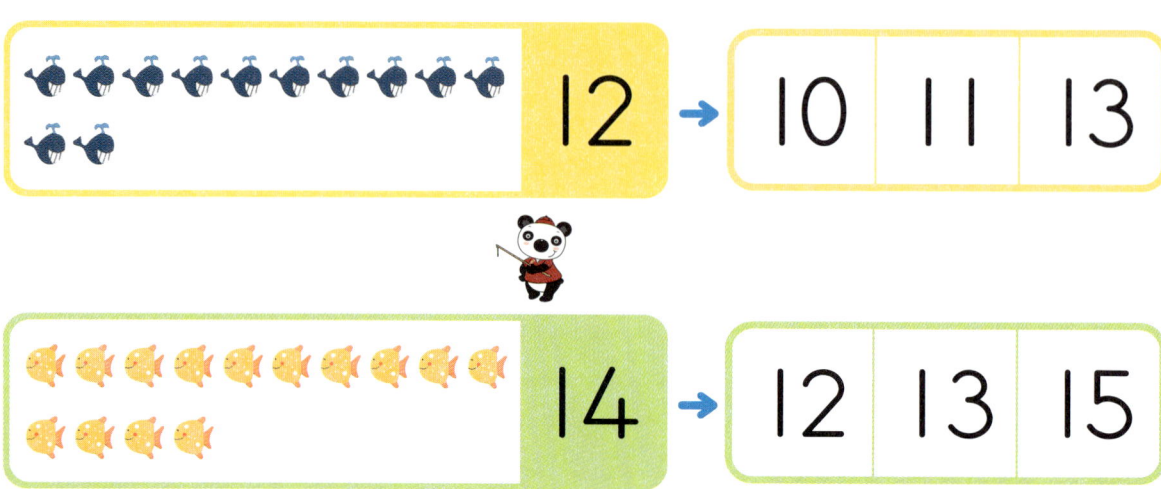

| 12 → | 10 | 11 | 13 |

| 14 → | 12 | 13 | 15 |

| 16 → | 14 | 18 | 15 |

| 18 → | 16 | 17 | 19 |

| 19 → | 20 | 18 | 17 |

✚ 더 큰 수 쪽으로 길을 따라 가세요.

➕ 두 수 중 더 큰 수에 ◯하세요.

15　12

11　13

11, 12, 13, 14, 15 ……
어떤 수가 더 클까?

14　17

16　14

18　15

19　12

20　19

13　17

11　14

20　16

 꼭꼭　11부터 20까지 수의 차례에서 뒤에 있는 수가 더 큰 수임을 알게 합니다.

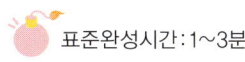
✚ 두 수 중 더 작은 수에 △하세요.

13   12

11   14

수의 차례에서 먼저 센
수가 더 작대.

15   16

13   17

17   18

19   15

16   14

12   18

20   16

17   19

3주 1~20 종합

학습 체크표 매일 학습이 끝나면 채점을 하고 체크표를 작성하여 나의 실력을 알아보세요.

차시	단계	공부한 날	잘 했나요?
25차시		월 일	😊 🙂 😑 😣
26차시		월 일	😊 🙂 😑 😣
27차시		월 일	😊 🙂 😑 😣
28차시		월 일	😊 🙂 😑 😣
29차시	1단계	월 일	😊 🙂 😑 😣
30차시		월 일	😊 🙂 😑 😣
31차시		월 일	😊 🙂 😑 😣
32차시		월 일	😊 🙂 😑 😣
33차시	2단계	월 일	😊 🙂 😑 😣
34차시		월 일	😊 🙂 😑 😣
35차시	3단계	월 일	😊 🙂 😑 😣
36차시		월 일	😊 🙂 😑 😣

틀린 개수가

0~1 개이면 😊 (아주 잘함)에, 2~3 개이면 🙂 (잘함)에,

4~5 개이면 😑 (보통)에, 6 개 이상이면 😣 (노력 바람)에 색칠해 주세요.

만화로 개념 알아보기

당장 그 구슬을 내놔!

앗!

으으~ 두고 보자...

부들부들...

친구들아! 도와줘~

출 — 동!!

앗! 하나, 둘, 셋, 넷, 다섯, 여섯, 일곱, 여덟, 아홉, 열!

💠 개수를 세어 보고, ☐ 안에 알맞은 수를 쓰세요.

꼭꼭 개수를 세어 숫자로 쓰면서 수의 크기와 수의 이름을 함께 알아봅니다. 개수를 세면서 실제 수의 크기를 이해할 수 있도록 합니다.

➕ 개수를 세어 보고, ☐ 안에 알맞은 수를 쓰세요.

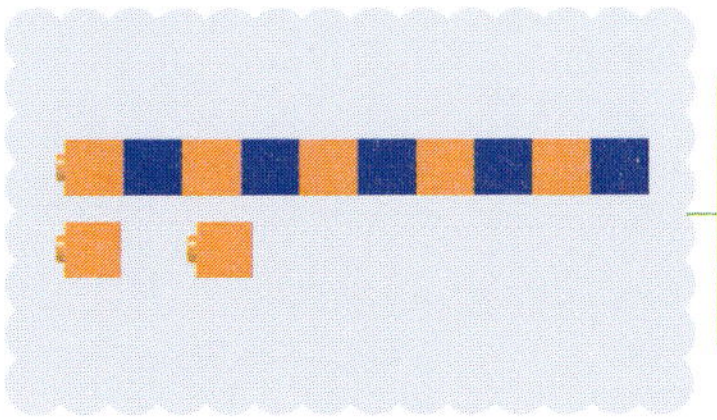

3주

26 차시 1~20 종합

1단계

➕ 개수를 세어 보고, 알맞은 수에 ◯하세요.

7
8
9

8
9
10

10
8
9

9
12
10

15
17
14

18
19
20

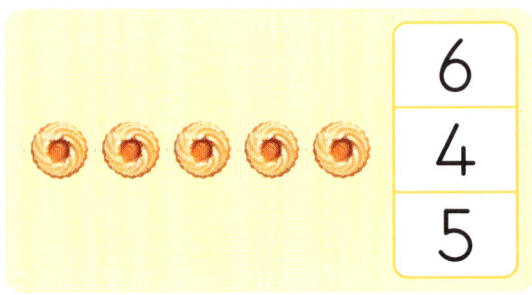

6
4
5

14
15
13

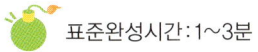
✚ 개수를 세어 보고, 알맞은 수에 색칠하세요.

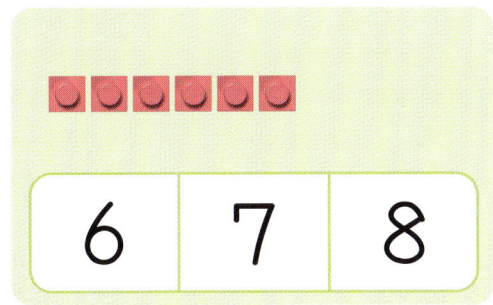

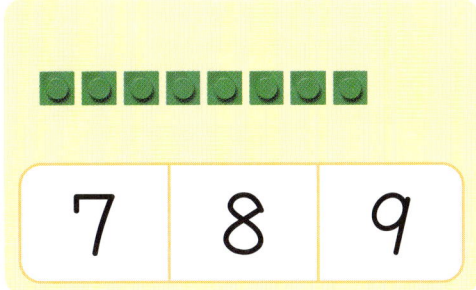

3주

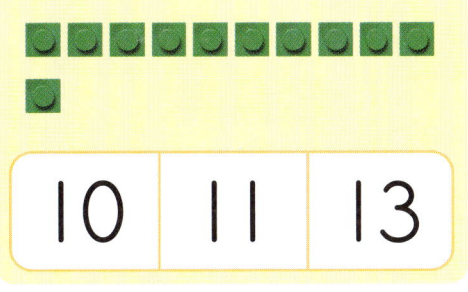

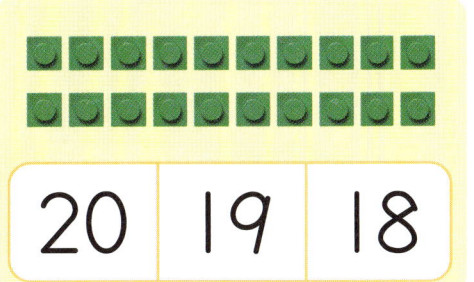

✿ 왼쪽의 수만큼 있는 것에 ◯하세요.

8 ·····

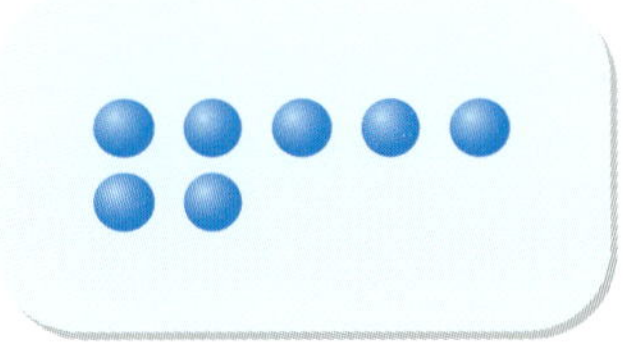

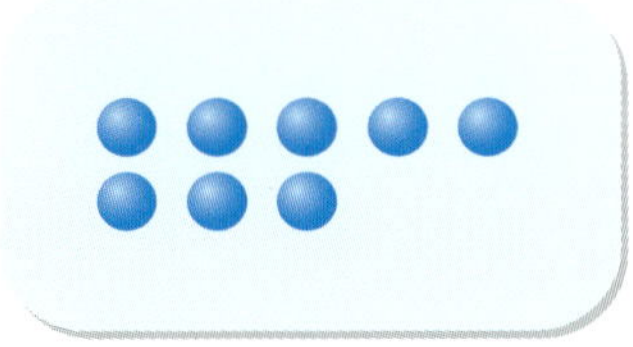

ll ·····

l4 ·····

l7 ·····

l3 ·····

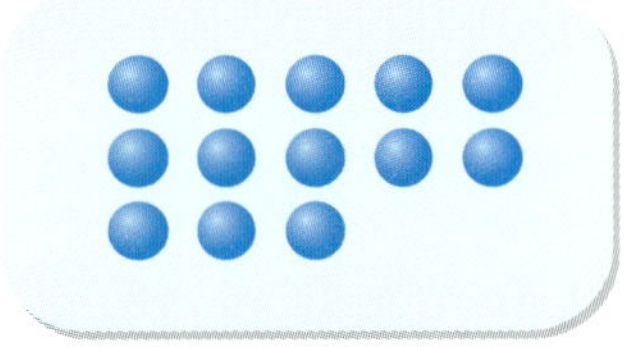

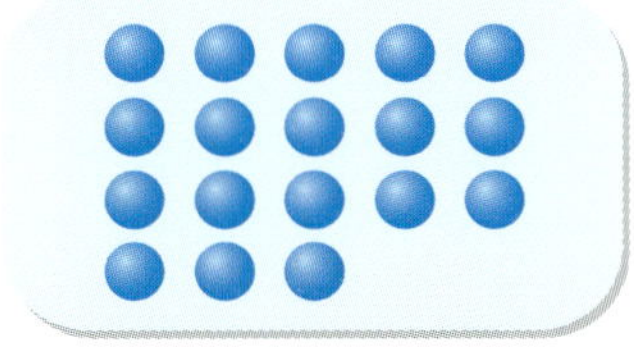

꼭꼭 수의 크기를 알고 있는지 묻는 문제입니다. 숫자가 의미하는 수의 크기만큼 있는 것을 찾으며 수와 양의 개념을 확실히 이해합니다.

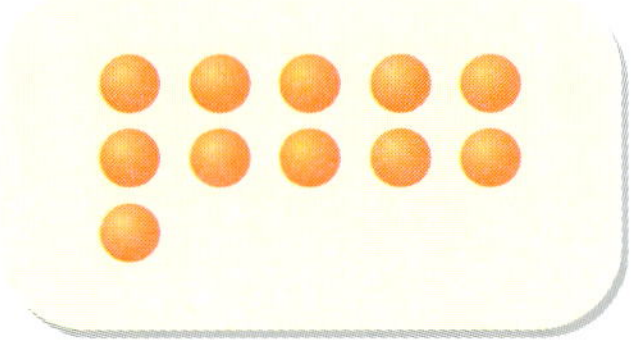

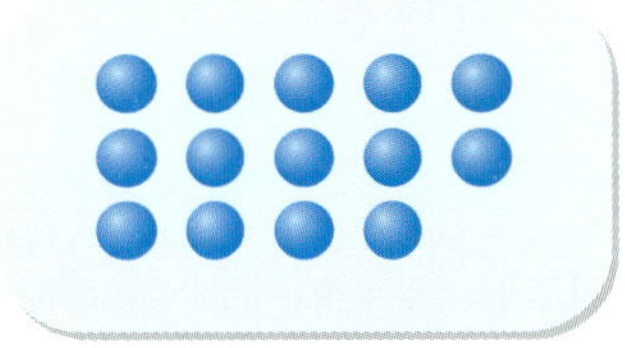

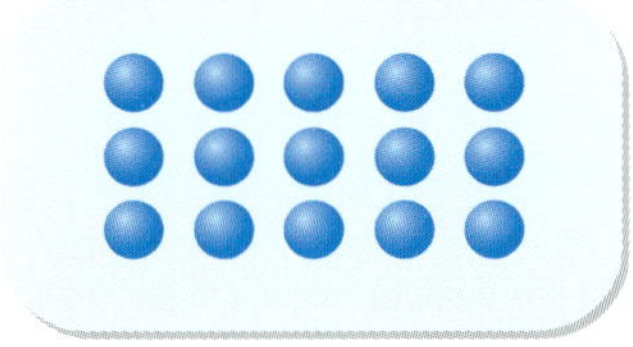

같은 수끼리 짝지은 것에 모두 ◯하세요.

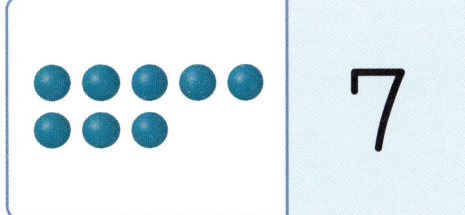

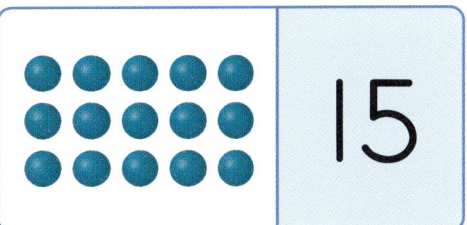

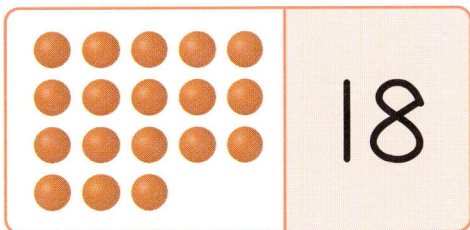

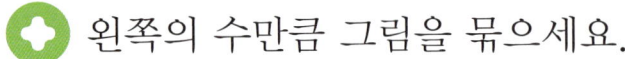

왼쪽의 수만큼 그림을 묶으세요.

8은 여덟이니까 여덟 개를
세어서 묶으면 돼.

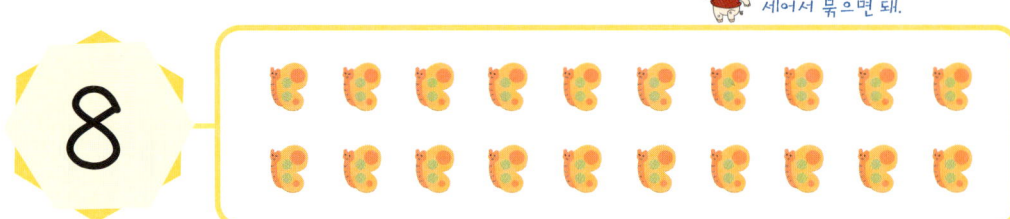

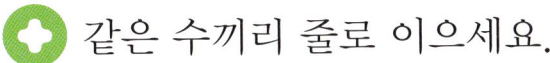 같은 수끼리 줄로 이으세요.

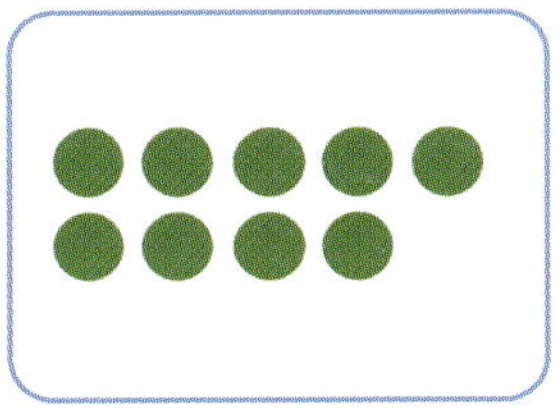

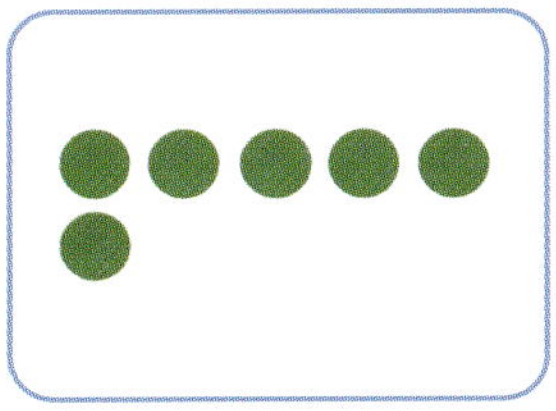

A3 75

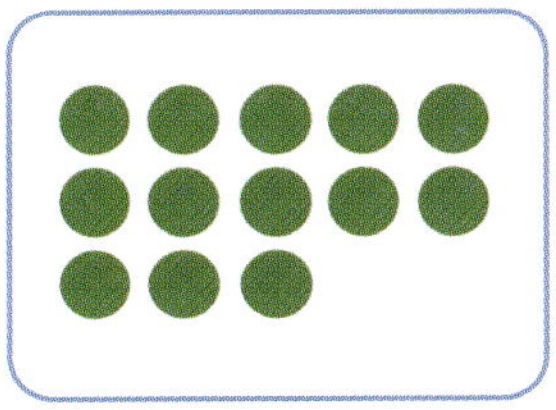

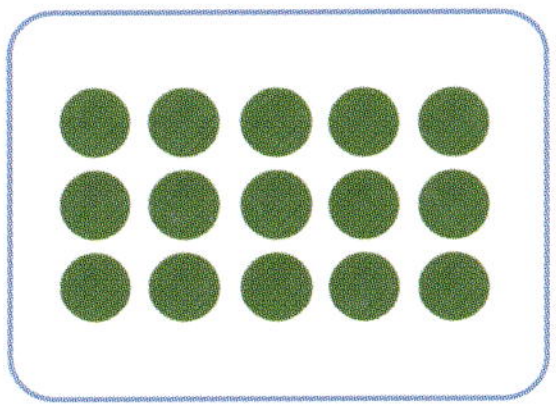

➕ 개수를 세어 보고, ☐ 안에 알맞은 수를 쓰세요.

꼭꼭 아이가 센 것을 반복하여 다시 셀 경우 /로 하나씩 지워가며 세게 합니다. 꾸준한 연습을 통해 개수 세기에 익숙해지면, 눈으로만 세어 보며 알맞은 수를 쓰게 합니다.

 개수를 세어 보고, ☐ 안에 알맞은 수를 쓰세요.

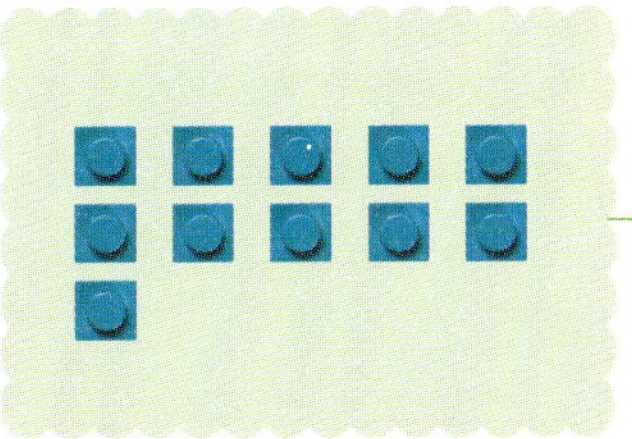

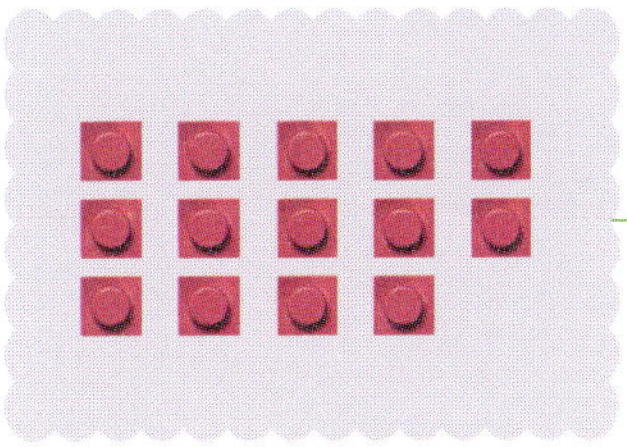

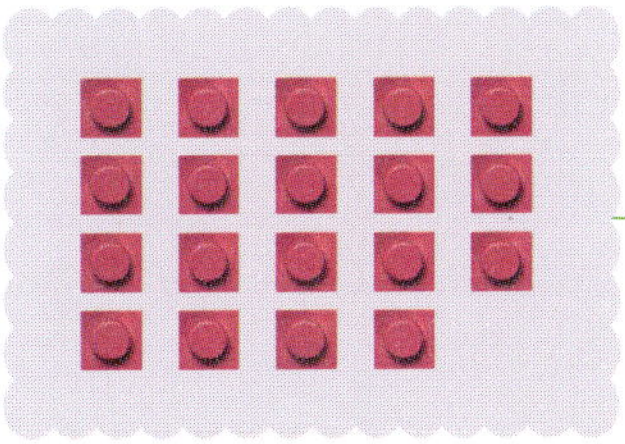

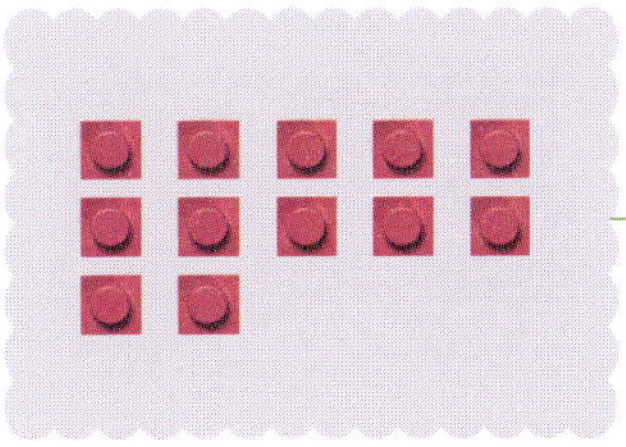

3주

✿ 개수를 세어 보고, ☐ 안에 알맞은 수를 쓰세요.

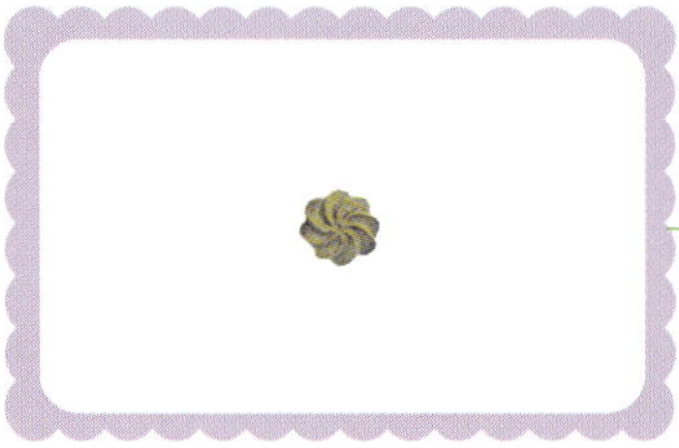

✚ 개수를 세어 보고, ☐ 안에 알맞은 수를 쓰세요.

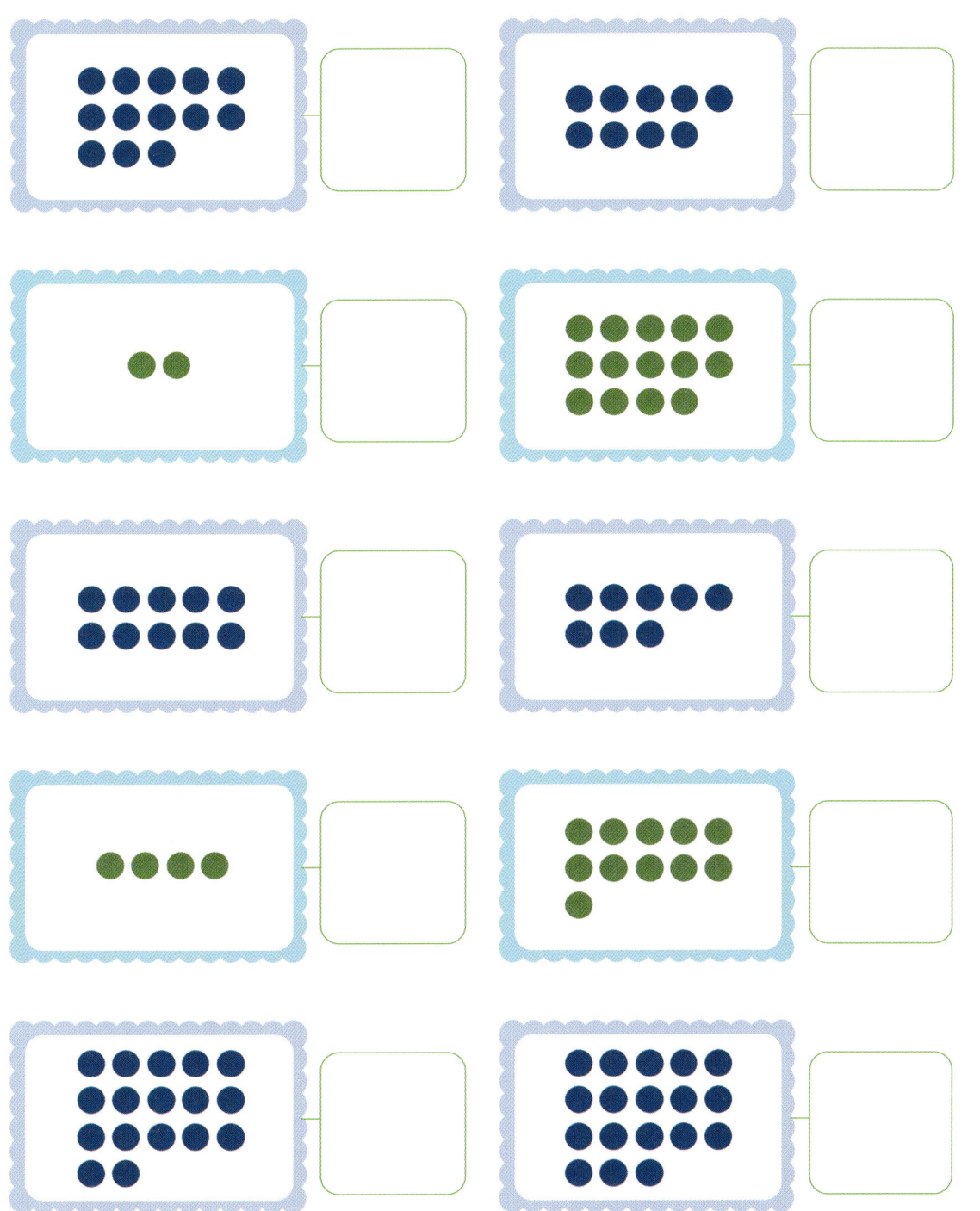

⬥ 개수를 세어 보고, ☐ 안에 알맞은 수를 쓰세요.

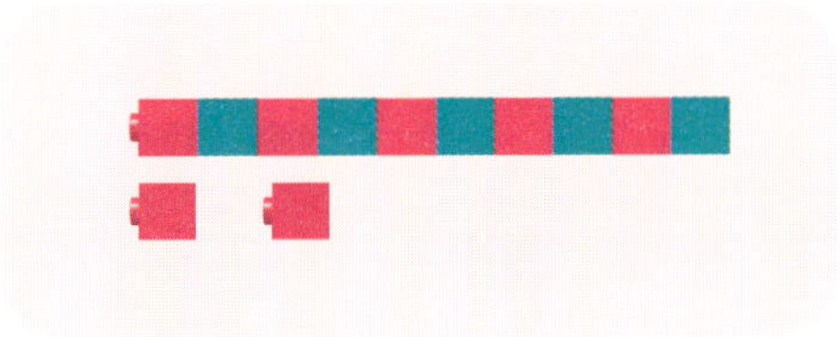

10개씩 묶음	낱개
1	2

→ ☐

10개씩 묶음	낱개
1	4

→ ☐

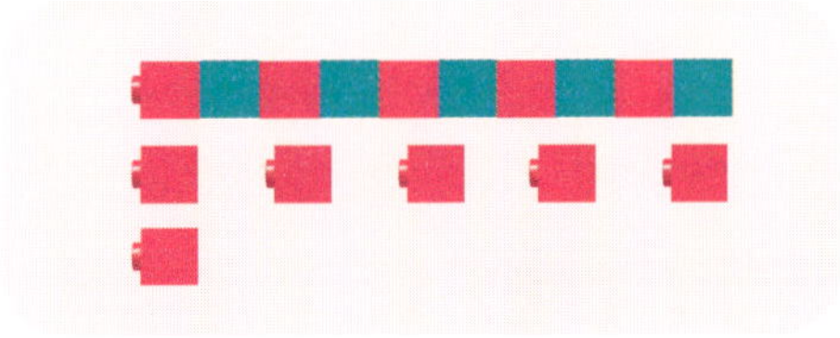

10개씩 묶음	낱개
1	6

→ ☐

10개씩 묶음	낱개
1	8

→ ☐

10개씩 묶음	낱개
2	0

→ ☐

 수블록 1묶음은 10개라는 것을 알게 하고, 수블록 1묶음과 낱개의 수를 세어 묶음과 낱개의 수를 알맞은 숫자로 써 봅니다.

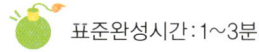
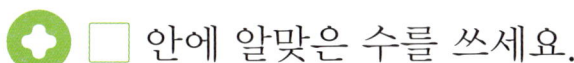 ◆ □ 안에 알맞은 수를 쓰세요.

10개씩 묶음	낱개		10개씩 묶음	낱개	
1	1	→	1	3	→

10개씩 묶음	낱개		10개씩 묶음	낱개	
1	5	→	1	7	→

10개씩 묶음	낱개		10개씩 묶음	낱개	
1	4	→	1	2	→

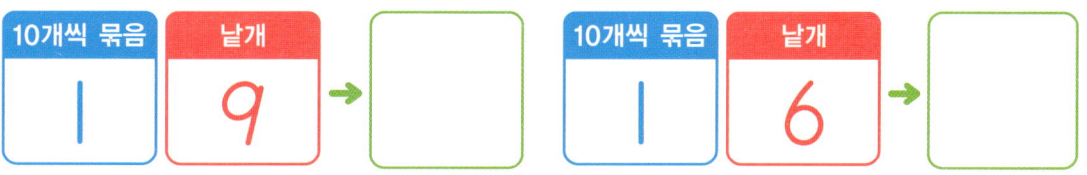

10개씩 묶음	낱개		10개씩 묶음	낱개	
1	9	→	1	6	→

10개씩 묶음	낱개		10개씩 묶음	낱개	
1	8	→	2	0	→

 꼭꼭 10개씩 묶음과 낱개의 수를 이해하고, 숫자로 나타내는 연습을 충분히 하도록 합니다.

➕ 개수를 세어 보고, 알맞은 수에 ◯ 하세요.

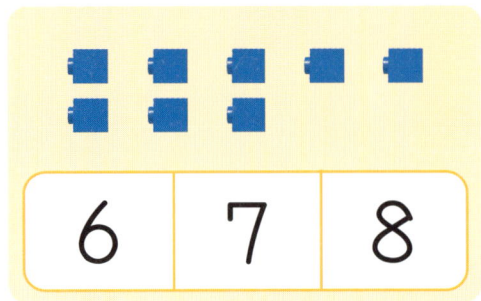

| 6 | 7 | 8 |

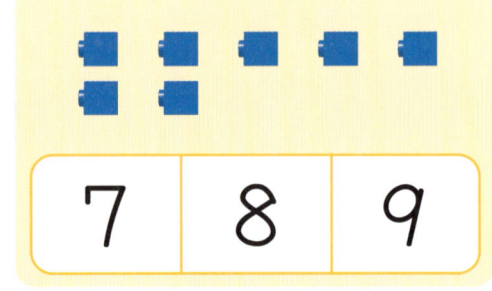

| 7 | 8 | 9 |

| 12 | 14 | 16 |

| 13 | 15 | 17 |

| 8 | 9 | 10 |

| 11 | 14 | 16 |

| 16 | 19 | 17 |

| 17 | 19 | 20 |

1부터 20까지 수의 순서대로 점을 이으세요.

➕ 빈칸에 알맞은 수를 쓰세요.

1	2			
6		8		10
		13		15
	17			20

		3		5
	7		9	
11			14	
16		18		

✚ 빈칸에 알맞은 수를 쓰세요.

| 1 | | 3 |

| | 7 | 8 |

| 4 | 5 | |

| 18 | | 20 |

3주

| 7 | | 9 |

| 3 | 4 | |

| | 11 | 12 |

| | 17 | 18 |

| 13 | | 15 |

| 9 | 10 | |

 꼭꼭   1부터 20까지 수를 차례로 셀 때, 수를 건너뛰어 세지 않도록 다시 한 번 수의 차례를 익히고, 확인해 봅니다.

 빈칸에 알맞은 수를 쓰세요.

*20부터 수를 거꾸로 세어 봐.

20	19	18	17	16
	14		12	11
10		8		6
	4			1

	19		17	
15		13		
			7	
5		3		

 꼭꼭 수를 거꾸로 세는 것은 수를 차례로 세는 것보다 어려운 학습입니다. 아이가 거꾸로 세는 것을 어려워하면 차례로 세는 연습을 꾸준히 한 후, 다시 거꾸로 세어 보게 합니다.

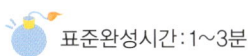
빈칸에 알맞은 수를 쓰세요.

* 14 다음의 수는 무엇일까?

		13	14	
12			15	
	14			17
	15	16		
15			18	
	17		19	

꼭꼭　수퍼즐은 수의 차례를 알아보고 빠진 숫자를 써넣는 학습 활동입니다. 11부터 20까지의 수를 차례로 세면서 다음의 수와 바로 앞의 수를 알아보고 쓰게 합니다.

🌸 왼쪽의 수보다 더 큰 수에 ◯ 하세요.

| | 12 | → | 10 | 11 | 13 |

| | 8 | → | 10 | 7 | 6 |

| | 10 | → | 8 | 9 | 11 |

| | 17 | → | 18 | 16 | 15 |

| | 19 | → | 14 | 20 | 18 |

✚ 두 수 중 더 큰 수에 ◯ 하세요.

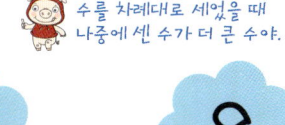
수를 차례대로 세었을 때
나중에 센 수가 더 큰 수야.

7 — 9

11 — 8

12 — 10

15 — 14

17 — 13

16 — 12

18 — 19

9 — 11

15 — 16

20 — 19

36 차시   1~20 종합

3 단계

➕ 세 수 중 가장 작은 수에 색칠하세요.

9	10	11

10	12	14

10	8	5

10	12	11

15	17	12

16	15	18

13	14	15

18	17	16

16	14	15

17	18	19

꼭꼭 수의 차례에서 다음의 수는 1씩 커지는 수이므로 가장 큰 수는 가장 나중에 세는 수임을 알게 합니다.

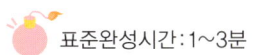

세 수 중 가장 큰 수에 ◯하고, 가장 작은 수에 △하세요.

| 11 | 9 | 13 |

| 17 | 10 | 19 |

| 14 | 15 | 13 |

| 12 | 13 | 14 |

| 16 | 11 | 14 |

| 15 | 18 | 16 |

| 10 | 12 | 8 |

| 9 | 12 | 17 |

| 17 | 18 | 19 |

| 15 | 18 | 20 |

3주

4주 21~30 수 익히기

학습 체크표 매일 학습이 끝나면 채점을 하고 체크표를 작성하여 나의 실력을 알아보세요.

차시	단계	공부한 날		잘 했나요?			
37차시	1단계	월	일	☺	☺	😐	😣
38차시		월	일	☺	☺	😐	😣
39차시		월	일	☺	☺	😐	😣
40차시		월	일	☺	☺	😐	😣
41차시		월	일	☺	☺	😐	😣
42차시		월	일	☺	☺	😐	😣
43차시		월	일	☺	☺	😐	😣
44차시		월	일	☺	☺	😐	😣
45차시	2단계	월	일	☺	☺	😐	😣
46차시		월	일	☺	☺	😐	😣
47차시	3단계	월	일	☺	☺	😐	😣
48차시		월	일	☺	☺	😐	😣

틀린 개수가

0~1 개이면 ☺ (아주 잘함)에, 2~3 개이면 ☺ (잘함)에,

4~5 개이면 😐 (보통)에, 6개 이상이면 😣 (노력 바람)에 색칠해 주세요.

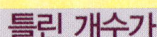

만화로 개념 알아보기

학습목표 21부터 30까지의 수·양 개념을 알고, 거꾸로 세기 등을 통해 수의 계열성을 익힐 수 있습니다.

4주

➕ 개수를 세어 보고, 수를 따라 쓰세요.

10개씩 묶음	낱개	→	
2	1		**21** / 21 이십일 • 스물하나
2	2		**22** / 22 이십이 • 스물둘
2	3		**23** / 23 이십삼 • 스물셋
2	4		**24** / 24 이십사 • 스물넷
2	5		**25** / 25 이십오 • 스물다섯

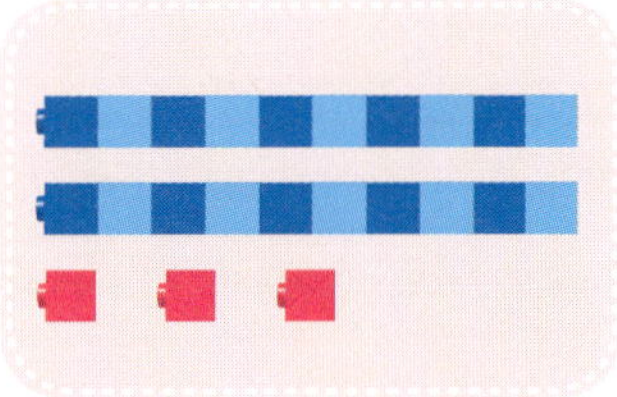

 11 이상의 수를 10개씩 묶음 수를 이용하여 알아봅니다. 블록 10개씩 묶음 2줄은 20이라는 것을 알게 하고, 21부터 낱개의 수를 세어 보게 합니다.

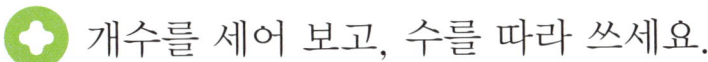

✚ 개수를 세어 보고, 수를 따라 쓰세요.

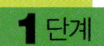

21~30 수 익히기

개수를 세어 보고, 알맞은 수에 ◯하세요.

20	21

22	24

22	23

25	24

25	21

24	26

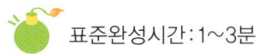
➕ 개수를 세어 보고, 알맞은 수에 색칠하세요.

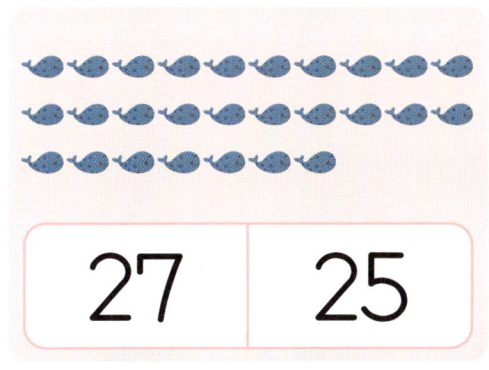

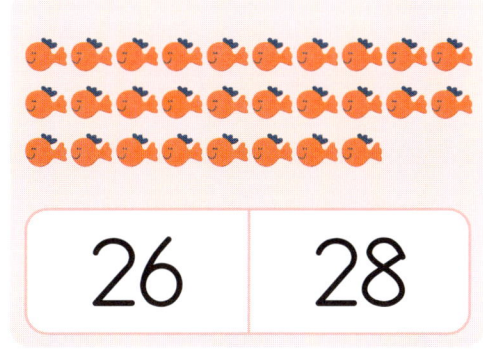

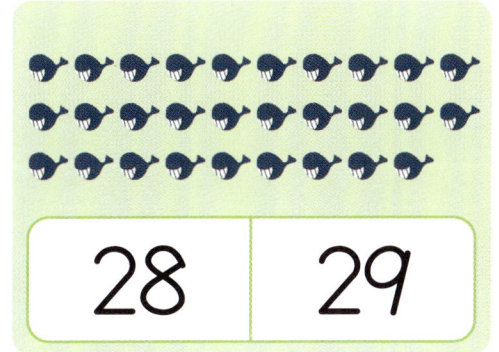

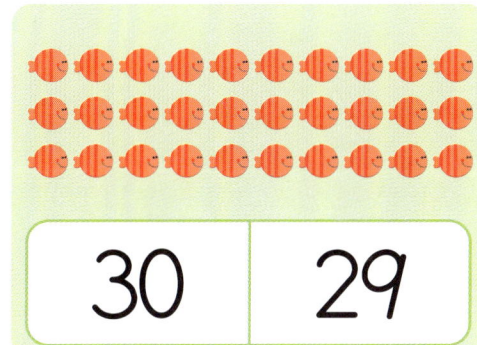

 꼭꼭　10개씩 2묶음보다 많으므로 모두 20 이상의 숫자들입니다. 10개씩 2묶음과 낱개의 수를 세어 알맞은 수를 찾게 합니다.

39차시 21~30 수 익히기

➕ 왼쪽의 수만큼 그림을 묶으세요.

 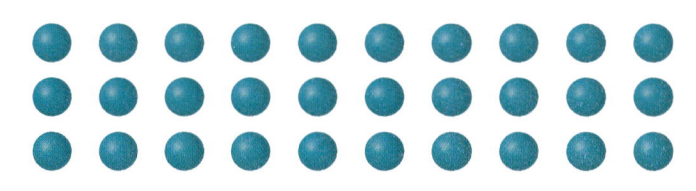

 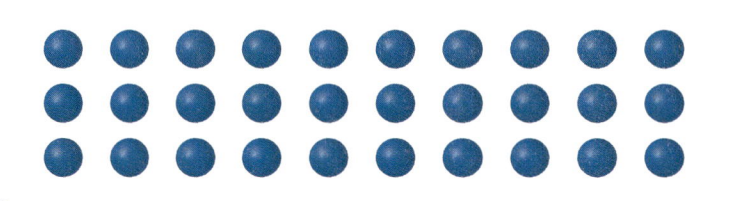

➕ 개수를 세어 보고, 알맞은 수에 색칠하세요.

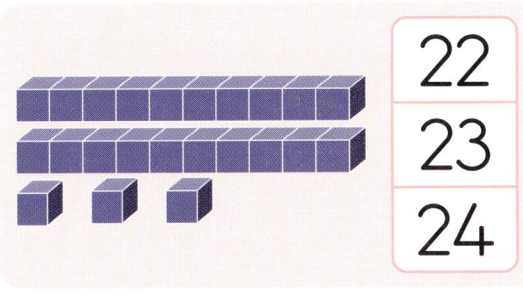

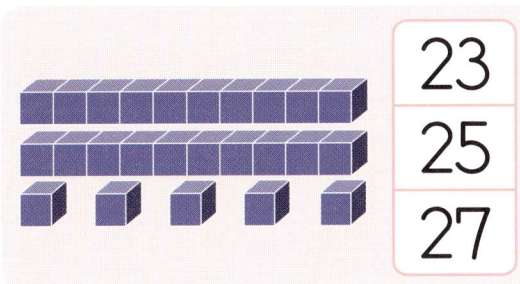

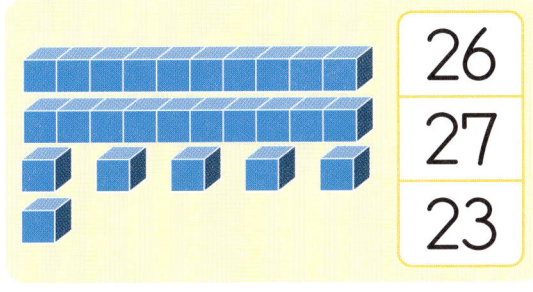

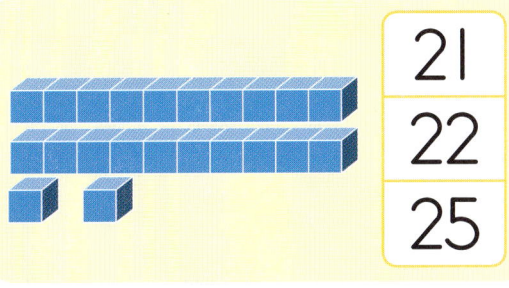

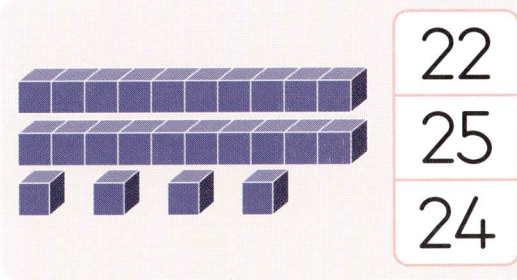

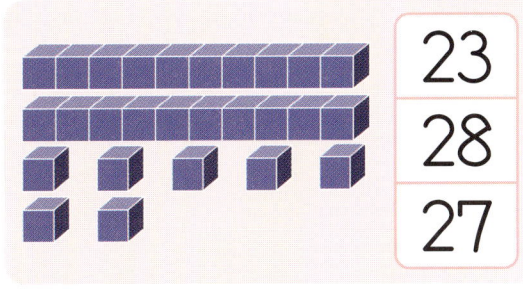

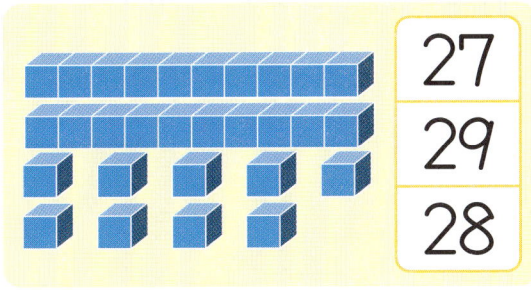

✿ 왼쪽의 수만큼 있는 것에 ◯하세요.

23

25

27

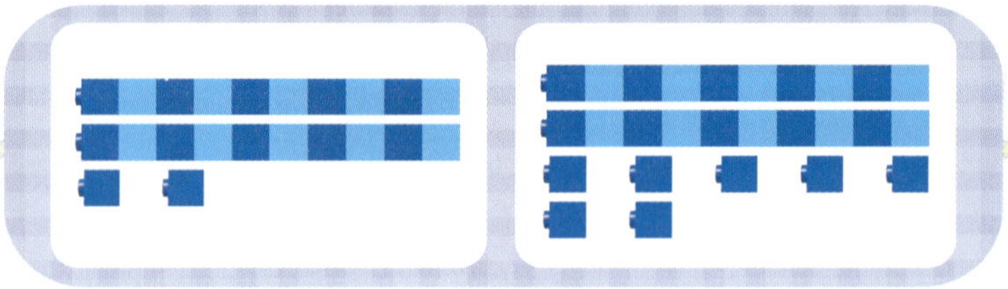

26

29

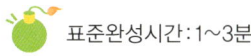
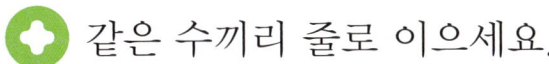

같은 수끼리 줄로 이으세요.

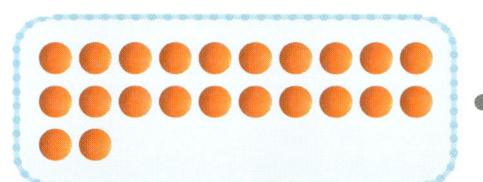 · 　　　　 ·  21

 · 　　　　 ·  22

 · 　　　　 ·  24

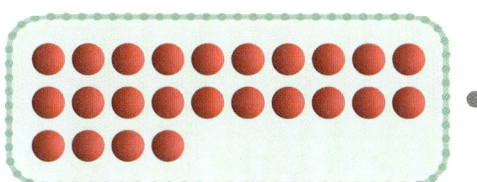 · 　　　　 ·  30

 · 　　　　 ·  28

 10개씩 묶어 세어 보게 한 후, 나머지 낱개의 수를 세면 몇 개인지 쉽게 알 수 있습니다.

✿ 개수를 세어 보고, ☐ 안에 알맞은 수를 쓰세요.

＊ 먼저 10개씩
몇 묶음인지
세어 봐.

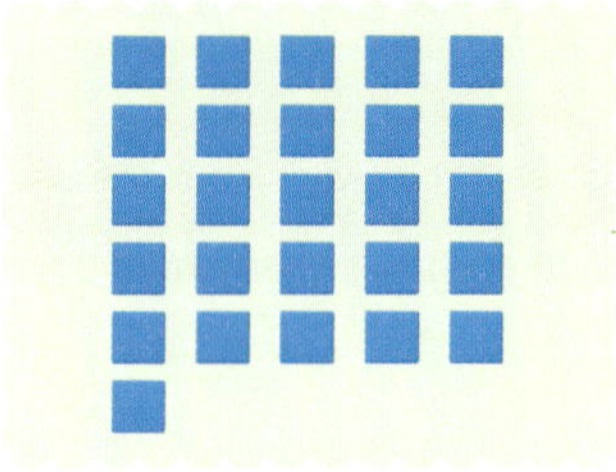

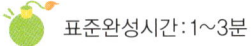
 개수를 세어 보고, ☐ 안에 알맞은 수를 쓰세요.

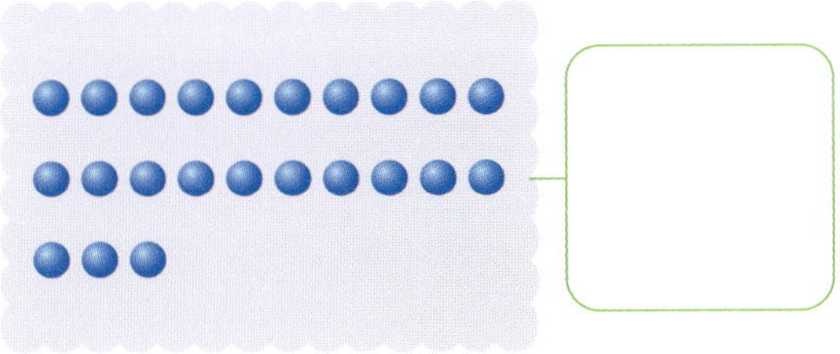

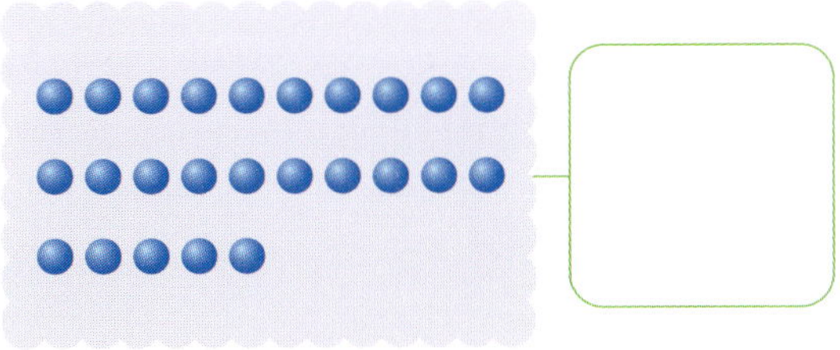

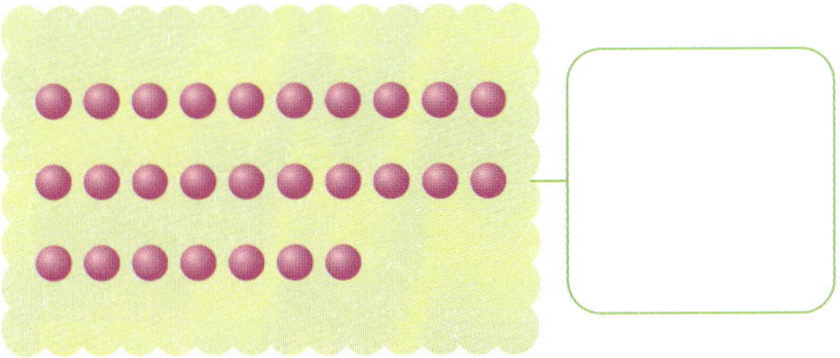

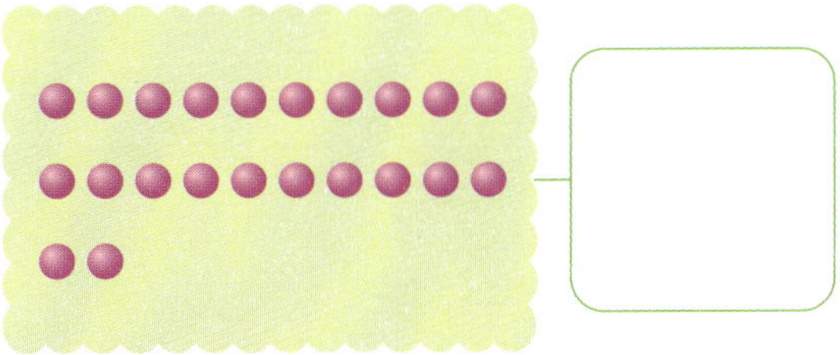

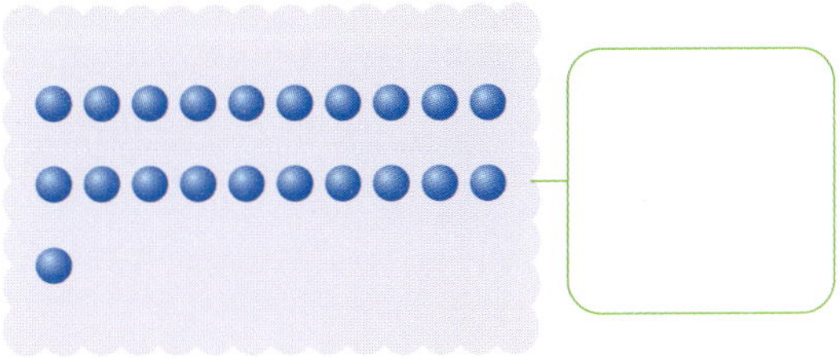

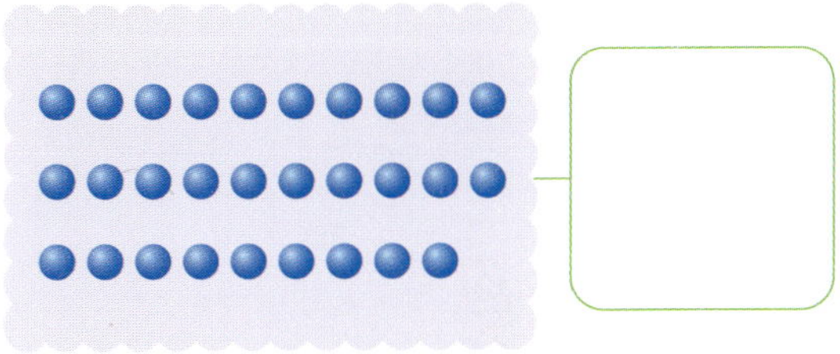

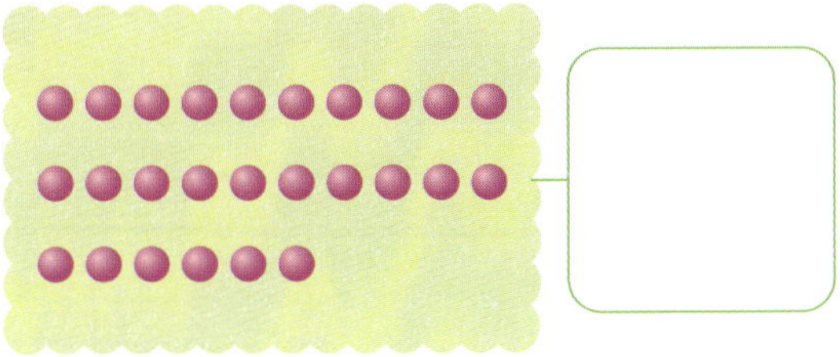

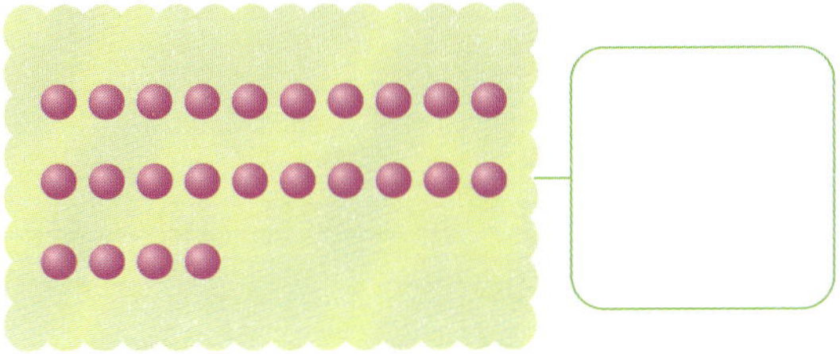

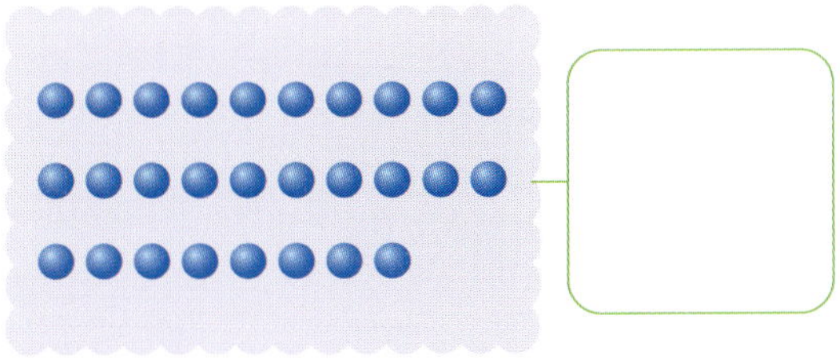

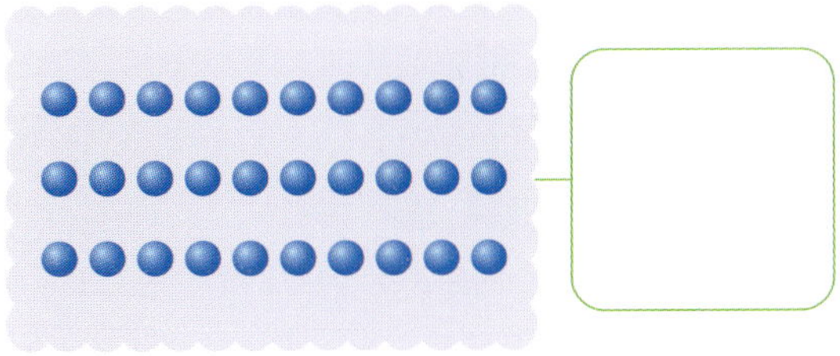

4주

✿ 개수를 세어 보고, ☐ 안에 알맞은 수를 쓰세요.

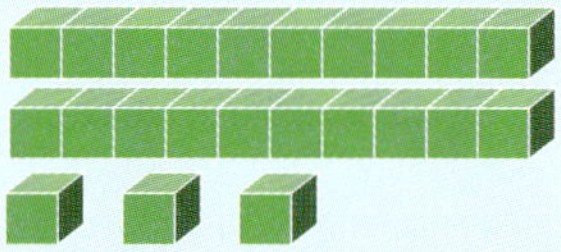

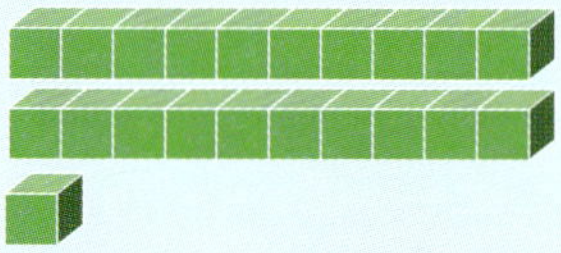

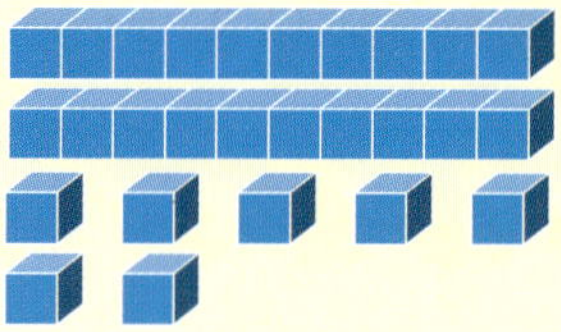

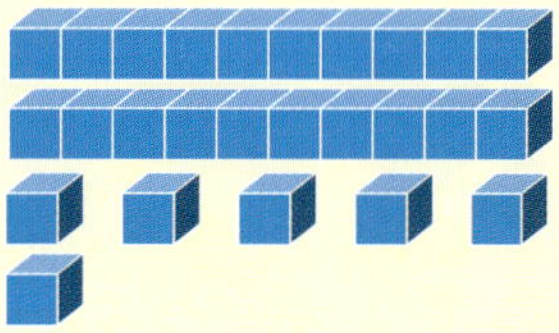

10개씩 묶음이 3줄이면 몇십일까?

개수를 세어 보고, ☐ 안에 알맞은 수를 쓰세요.

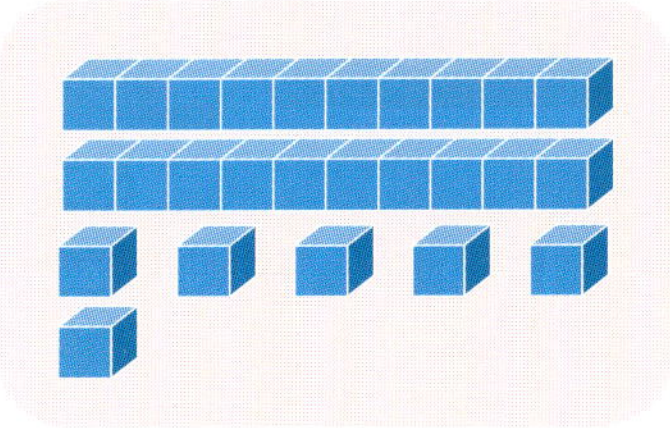

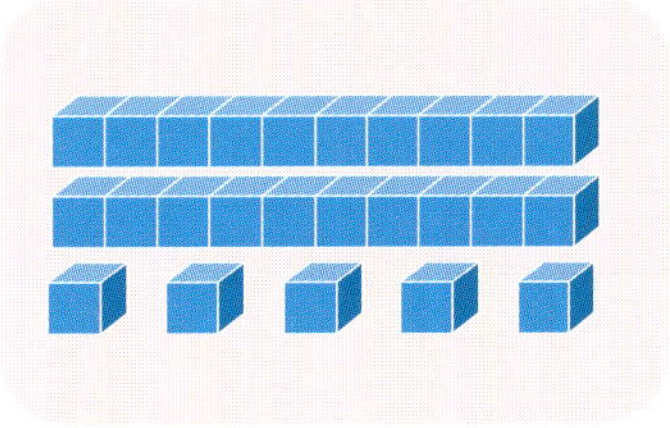

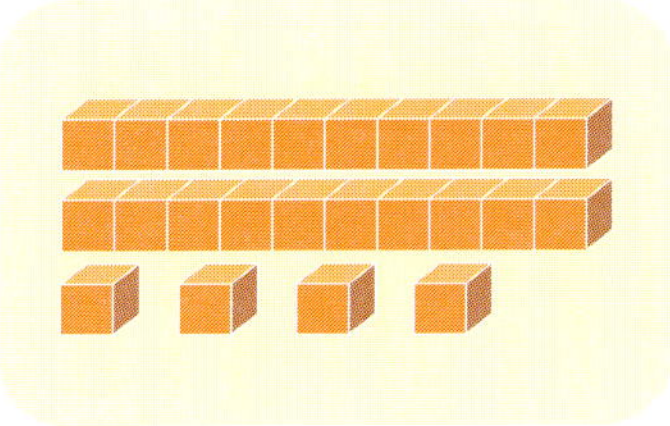

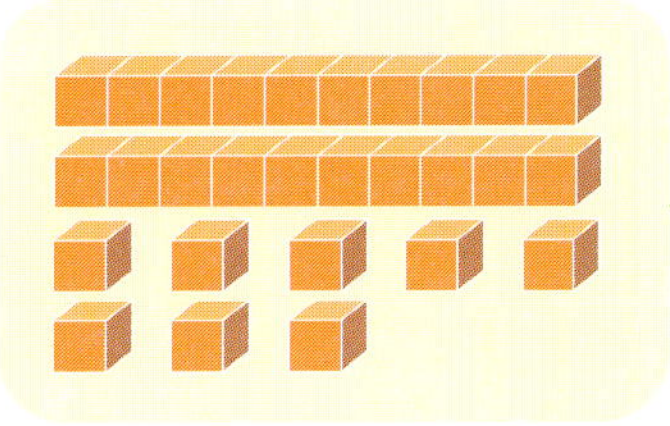

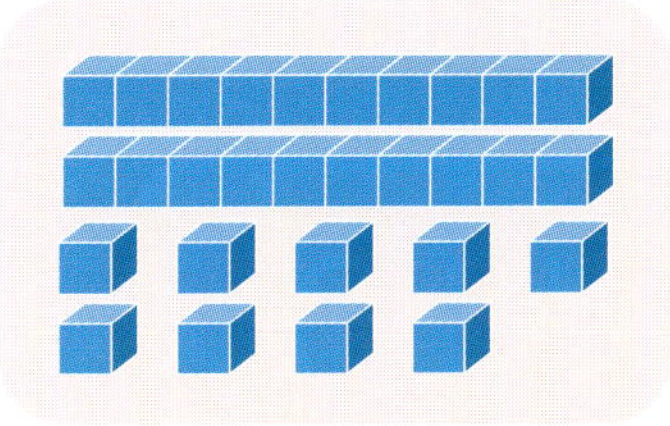

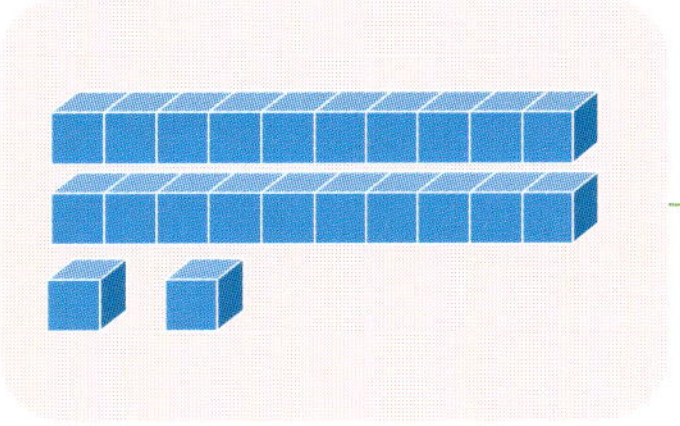

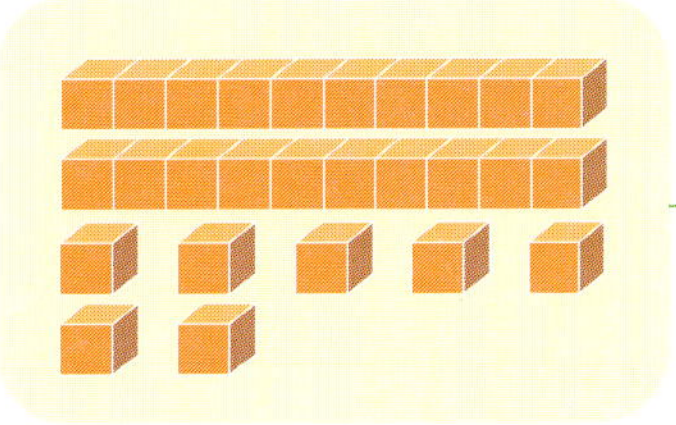

블록 I0개를 직접 끼워서 I0개짜리 묶음으로 만들어 수 세기 놀이를 하면 재미있는 수 학습이 될 것입니다.

A3 107

 □ 안에 알맞은 수를 쓰세요.

 10개씩 2묶음은 20이므로 10개씩 2묶음과 낱개의 수를 '이십 몇' 으로 쓰게 합니다.

✚ 빈칸에 알맞은 수를 쓰세요.

25 → | 10개씩 묶음 | 낱개 |
|---|---|
| 2 | 5 |

21 → | 10개씩 묶음 | 낱개 |
|---|---|
| | |

23 → | 10개씩 묶음 | 낱개 |
|---|---|
| | |

24 → | 10개씩 묶음 | 낱개 |
|---|---|
| | |

27 → | 10개씩 묶음 | 낱개 |
|---|---|
| | |

28 → | 10개씩 묶음 | 낱개 |
|---|---|
| | |

22 → | 10개씩 묶음 | 낱개 |
|---|---|
| | |

30 → | 10개씩 묶음 | 낱개 |
|---|---|
| | |

30은 낱개가 하나도 없구나.

29 → | 10개씩 묶음 | 낱개 |
|---|---|
| | |

26 → | 10개씩 묶음 | 낱개 |
|---|---|
| | |

4주

➕ 개수를 세어 보고, ☐ 안에 알맞은 수를 쓰세요.

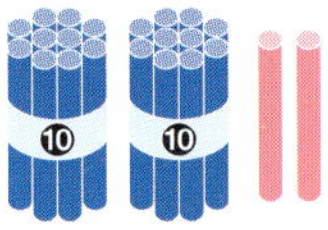

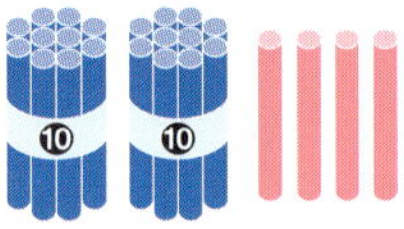

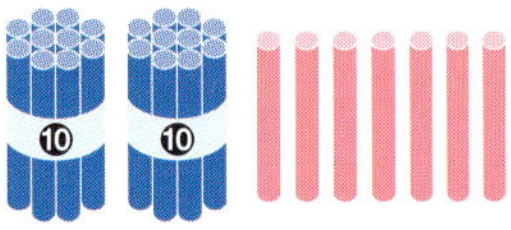

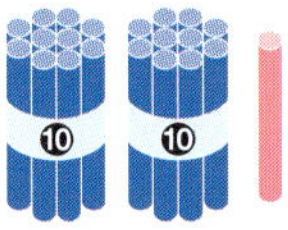

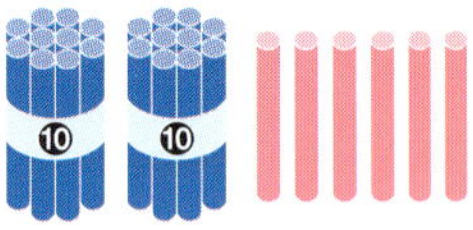

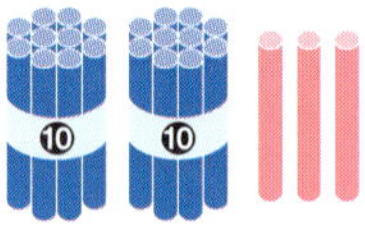

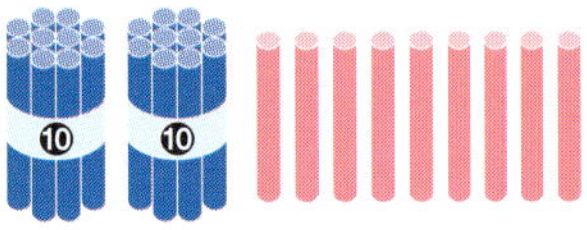

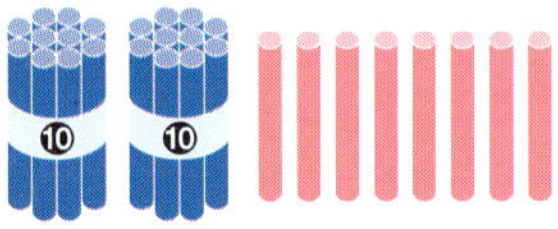

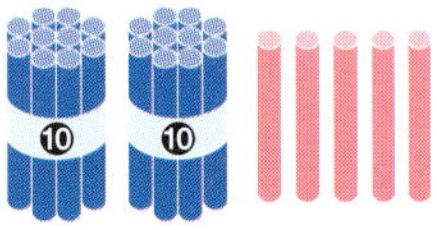

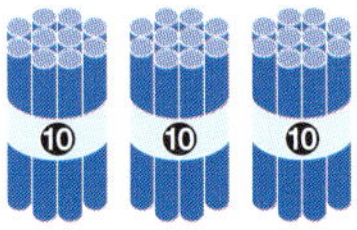

✿ 개수를 세어 보고, ☐ 안에 알맞은 수를 쓰세요.

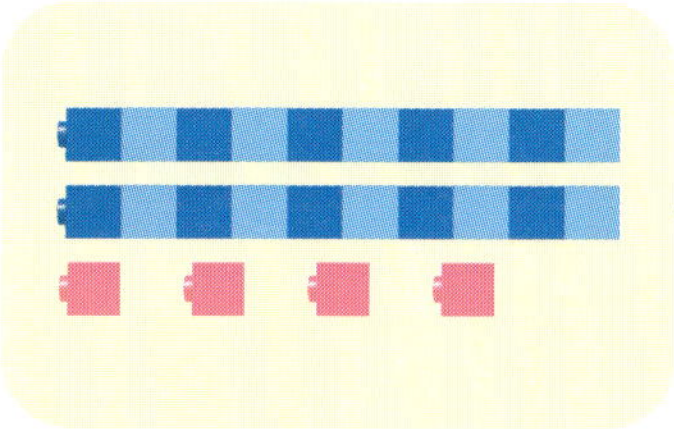

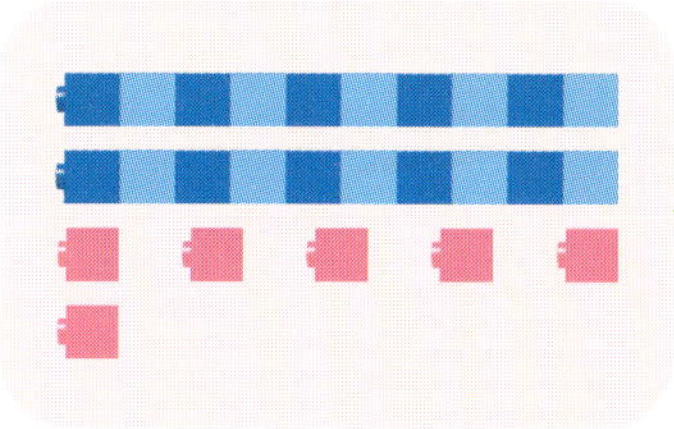

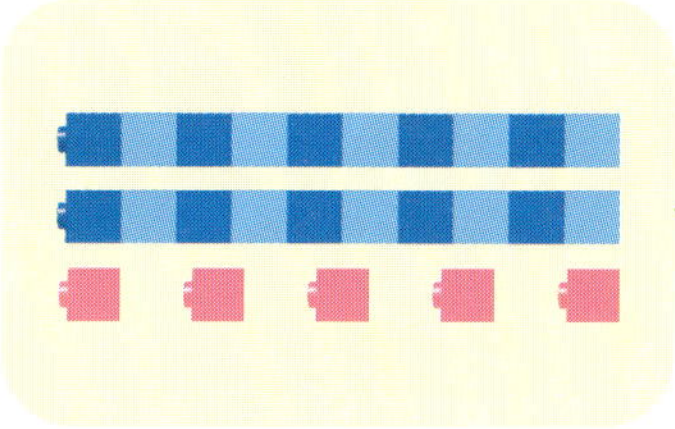

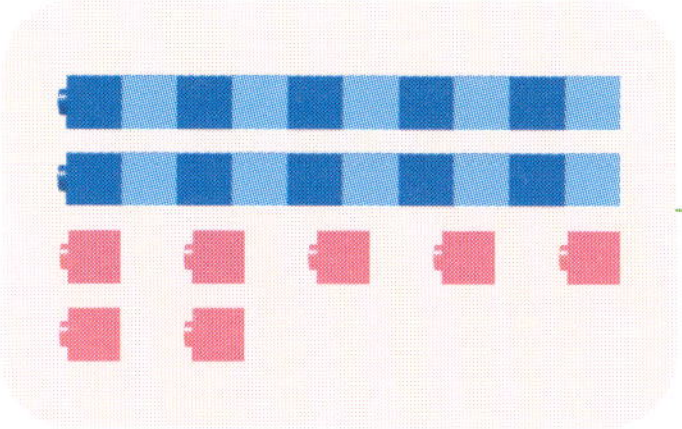

✿ 빈칸에 알맞은 수를 쓰세요.

1	2			5
	7			10
11		13		
16				20
	22		24	
		28		30

21		23		
	27		29	

꼭꼭 1부터 30까지 수의 차례로 하나, 둘, 셋, … 또는 1, 2, 3, …으로 번갈아가며 반복하여 세어 보게 합니다.

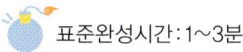

빈칸에 알맞은 수를 쓰세요.

21			24	
	27			30

	22			25
26		28		

		23		25
	27		29	

21				
				30

46 차시 · 21~30 수 익히기 · 2단계

빈칸에 알맞은 수를 쓰세요.

| 21 | | 23 |

| 25 | | 27 |

| | 23 | 24 |

| 26 | | 28 |

| 24 | 25 | |

| 23 | | 25 |

| 27 | | 29 |

| | 27 | |

| 25 | | |

| 28 | | 30 |

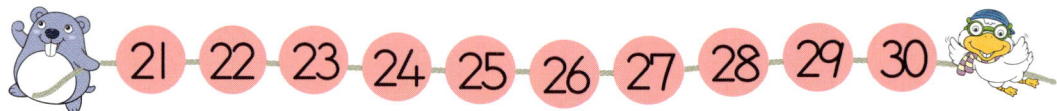

✚ 빈칸에 알맞은 수를 쓰세요.

30부터 수를 거꾸로 세어 보자.

30	29	28	27	26
25		23		21
20		18		
	14			11
10		8		6
			2	

30		28		
	24			21

 30 29 28 27 26 25 24 23 22 21

🌸 개수를 세어 보고, 더 큰 수에 색칠하세요.

| 21 | 23 |
| 25 | 24 |

| 24 | 22 |
| 26 | 27 |

| 26 | 28 |
| 30 | 29 |

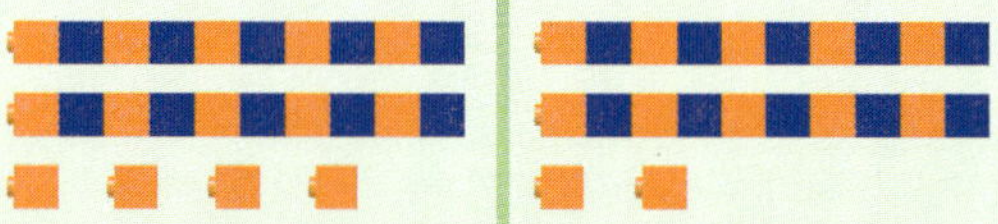

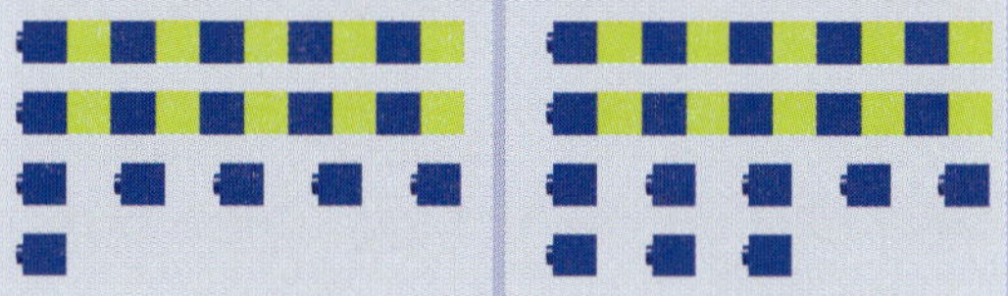

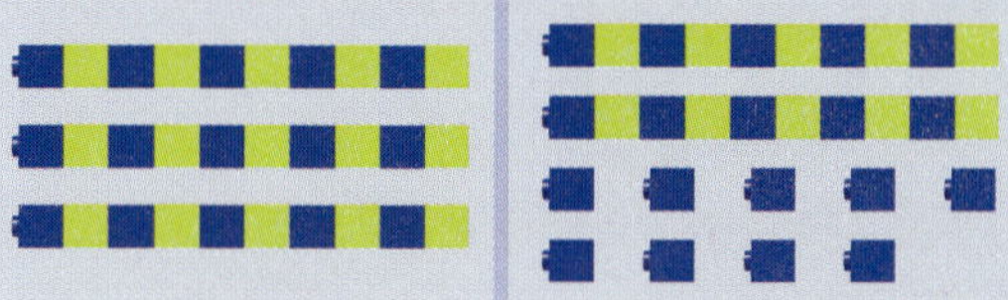

 꼭꼭 개수를 세면서 수의 크기를 비교해 보고, 개수가 더 많은 것이 더 큰 수임을 알게 합니다.

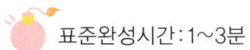
✚ 왼쪽의 수보다 더 작은 수에 △ 하세요.

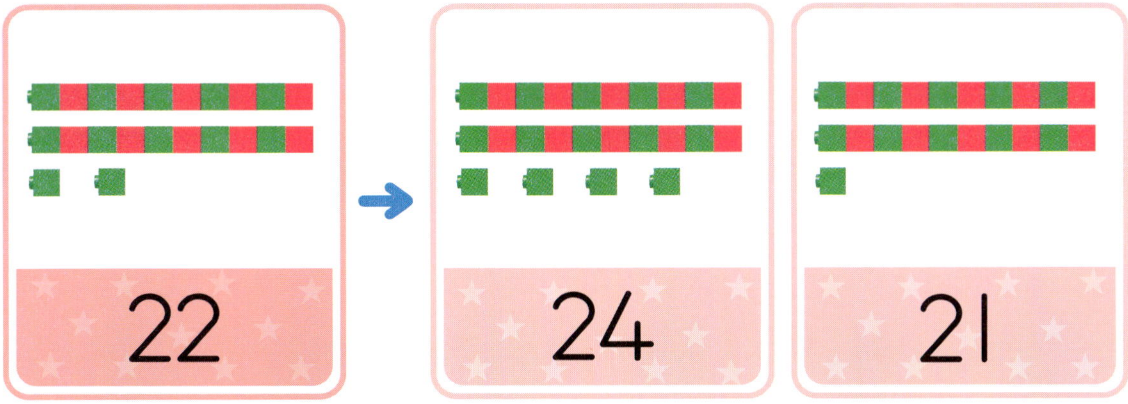

| 22 | → | 24 | 21 |

| 25 | → | 23 | 26 |

| 27 | → | 29 | 25 |

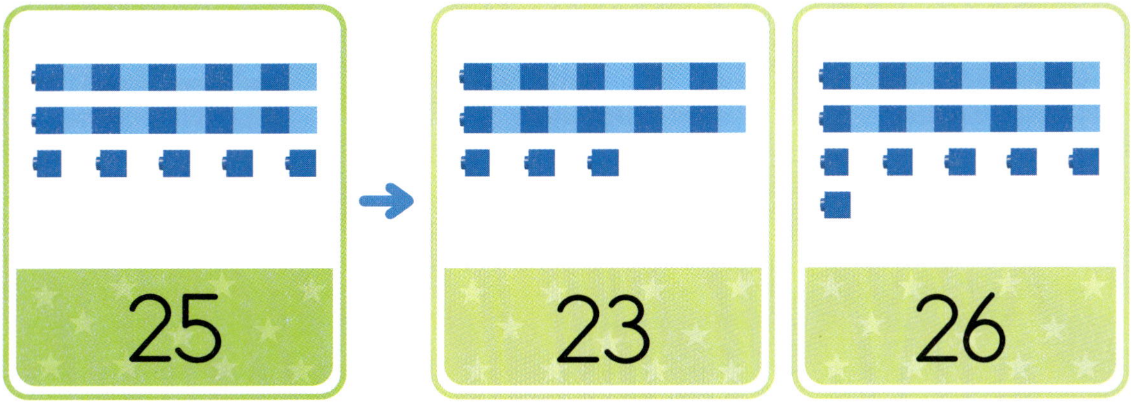

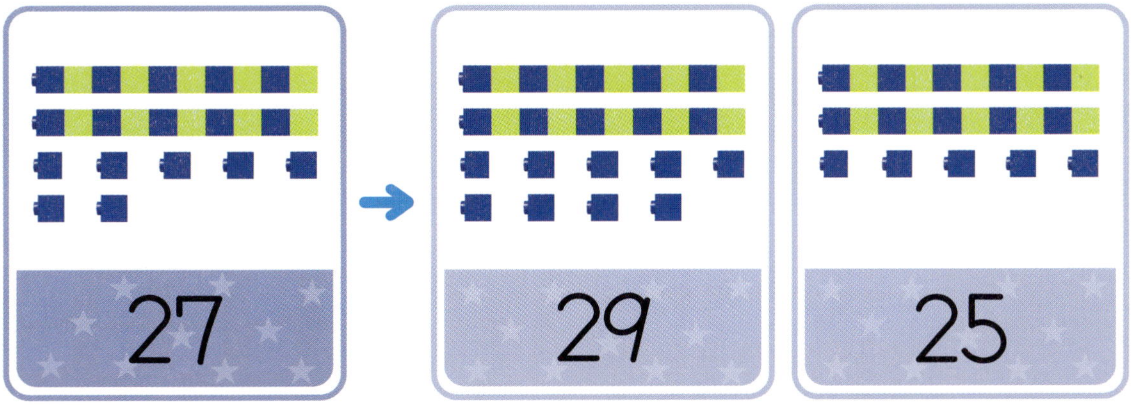

4주

➕ 두 수 중 더 큰 수에 색칠하세요.

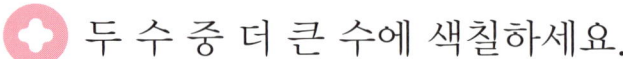

수를 차례대로 세었을 때
나중에 센 수가 더 큰 수야.

24 — 23

21 — 22

22 — 25

26 — 24

27 — 23

22 — 26

28 — 29

25 — 27

26 — 21

30 — 29

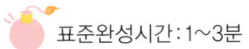
✚ 세 수 중 가장 작은 수에 ◯하세요.

| 22 | 21 | 24 |

| 23 | 24 | 25 |

| 27 | 23 | 25 |

| 22 | 27 | 26 |

| 25 | 26 | 27 |

| 30 | 26 | 28 |

| 28 | 24 | 23 |

| 27 | 26 | 24 |

| 25 | 28 | 22 |

| 30 | 29 | 27 |

✿ 개수를 세어 보고, ☐ 안에 알맞은 수를 쓰세요.

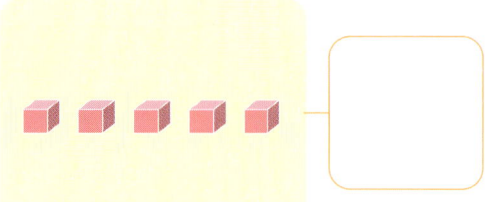

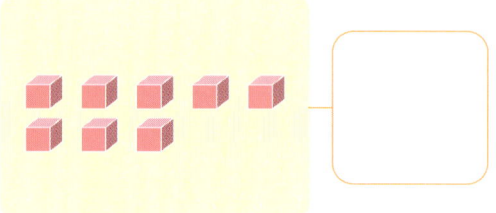

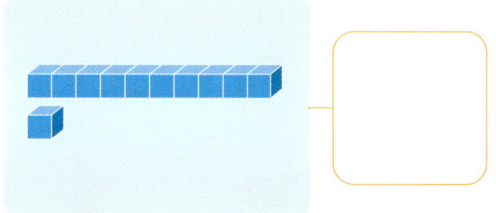

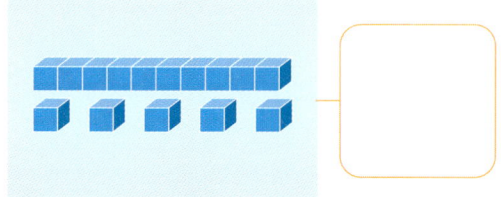

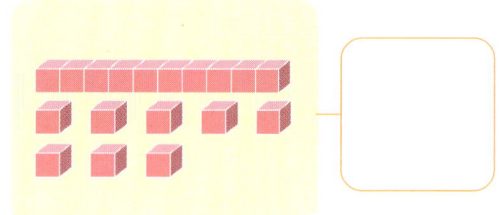

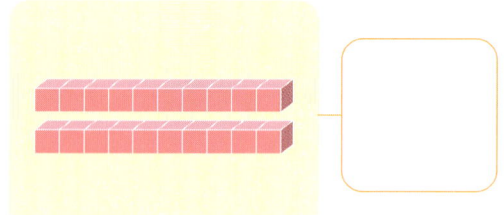

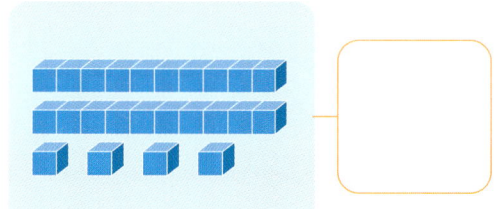

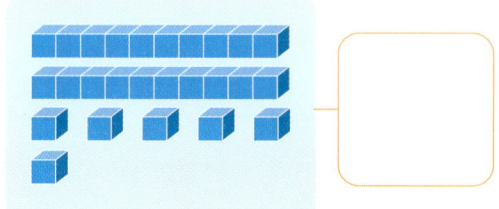

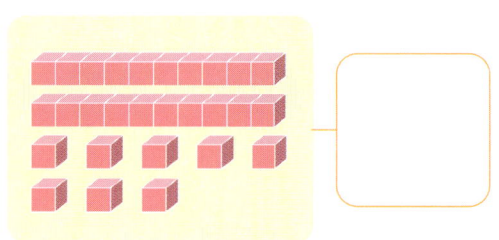

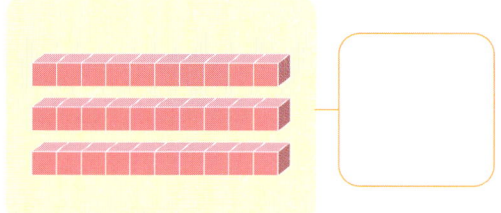

채점을 하고, 틀린 개수에 맞게 ○하세요

✿ 빈칸에 알맞은 수를 쓰세요.

11			14	

	15			18

13				17

		20		22

23		25		

	27			30

✿ 세 수 중 가장 큰 수에 ◯, 가장 작은 수에 △ 하세요.

| 13 | 14 | 15 |

| 1 | 11 | 21 |

| 12 | 16 | 14 |

| 30 | 20 | 10 |

| 15 | 13 | 17 |

| 5 | 6 | 2 |

| 29 | 23 | 21 |

| 5 | 15 | 25 |

| 24 | 23 | 21 |

| 23 | 25 | 22 |

| 23 | 20 | 26 |

| 27 | 30 | 25 |

정답 및 지도서

자르는 선을 따라 잘라 보관하여, 채점할 때 사용하세요.

정답 및 지도서 A3

1주 11~20 수 익히기

지도 방법

❶ 학습하기 전에 먼저 11~20의 수를 바르게 읽을 수 있는지 확인해 보세요.

❷ 1~10의 수를 익힌 것을 바탕으로 11~20의 수를 순서대로 쓰고 수 세기를 해 보면서 수의 개념을 습득하게 합니다.

❸ 11~20의 수를 읽고 개수 세기를 학습합니다. 11부터의 수를 처음 접해 어려워할 수 있으므로, 엄마가 먼저 수를 읽으면 아이가 따라 읽어 보게 합니다.

❹ 사물의 개수를 세어 보고, 알맞은 수와 연결해 보면서 11~20의 수와 양 개념을 익힙니다.

---

1 차시

12~13쪽

- 1~10의 수를 세어 볼까? 1~9에 다 십의 자리에 1만 붙여 주면 11~19가 된단다. 11~20의 수를 세어 볼까? 한 줄에 몇 칸이 있니?
- 한 줄이 10칸이니까 한 줄을 다 색칠하고 두 번째 줄에 7개를 더 색칠하면 되겠지?

---

2 차시

14~15쪽

- 10은 십의 자리 숫자 1과 일의 자리 숫자 0으로 이루어진 수라고 했지?
- 물고기 그림이 몇 개인지 세어 볼래? 10개 하고 몇 개가 더 있어?
- 1개가 더 있지. 10개짜리가 하나 있으니까 십의 자리 숫자가 1이 되고, 날개가 하나 있으니까 일의 자리 숫자도 1이 된단다.

16~17쪽

- 십의 자리에 1만 적어 주면 되니까 11~19의 수도 어렵지 않지?
- 19보다 하나 더 많으면 몇이 될까? 10개짜리가 2개, 낱개가 하나도 없어서 20이 된단다. 이십, 스물이라고 읽어 보렴.

18~19쪽

- 앞에 쓰여 있는 수를 읽어 볼래?
- 12는 10개 하고 몇 개가 더 있는 거지?
- 한 줄에 동그라미 모양이 몇 개 있니?
- 먼저 10개짜리 한 줄을 색칠하고 두 번째 줄에 낱개만큼 더 색칠하면 되겠지?

20~21쪽

- 그림처럼 블록을 ○○가 직접 연결해볼래?
- 수수깡이 10개짜리 한 묶음이랑 낱개가 몇 개 있니? 9개가 있지?
- 두 수 중에 어느 것이 19지? 6을 거꾸로 놓은 것이 9였지?

22 ~ 23쪽

- 쓰여 있는 수를 두 가지 방법으로 읽어 볼래?
- 20은 10개씩 묶음이 몇 개 있는 거라고 했지?
- 그래, 그럼 10개씩 두 번 ○를 그리면 되겠지?
- 한 줄에 10개씩 그려 보자.

24 ~ 25쪽

- 동물들이 각각 몇 마리인지 세어 볼래?
- 먼저 10마리씩 묶어서 세어 보고, 나머지가 몇 마리인지 알아보렴.

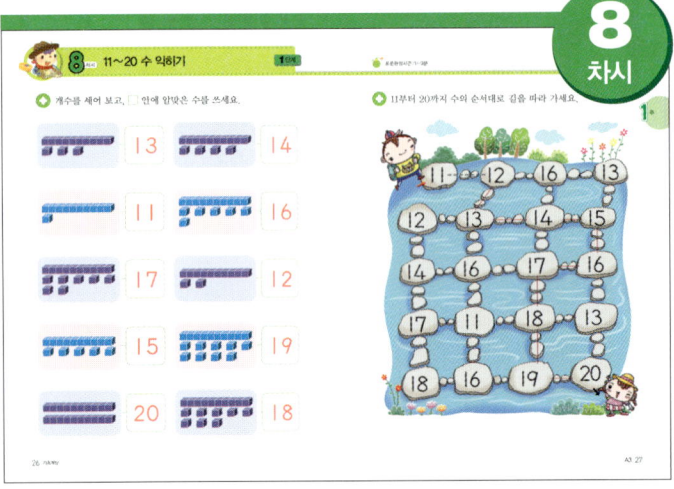

26 ~ 27쪽

- 11부터 20까지 수의 순서대로 길을 따라가는 재미있는 문제구나.
- ○○가 혼자서 해 볼래?
- 어려우면 연습장에 11부터 20까지의 수를 써 놓고 순서대로 따라가 보도록 하렴.

28~29쪽

- 1~20의 수를 순서대로 말해 볼까?
- 1 다음 수가 어떤 수지? 4 다음 수는 어떤 수일까?
- 수의 차례를 생각하면서 나머지 빈칸도 채워 보자.

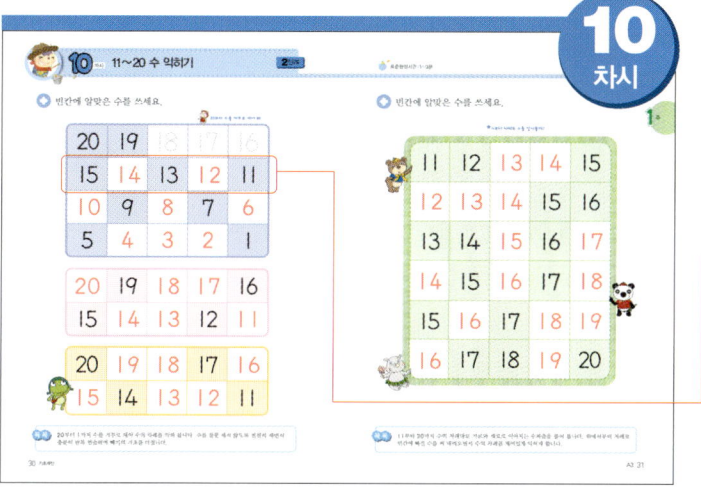

30~31쪽

- 10~1의 수를 거꾸로 세어 볼래? 20~11의 수를 거꾸로 세어 볼래? 20~1의 수를 거꾸로 세어 볼래?
- 15와 13 사이에 어떤 수가 들어가지?
- 13과 11 사이에 어떤 수가 들어가지?
- 맞게 썼는지 작은 수부터 순서대로 읽어 볼래?

32~33쪽

- 흰색 바둑알 17개와 검은색 바둑알 19개를 놓아 볼래?
- ○○가 흰색 바둑알을, 엄마가 검은색 바둑알을 가지고 서로 똑같이 하나씩 통에 넣어 보자. 더 빨리 바둑알이 없어지는 사람이 더 적게 가지고 있는 거지? 그럼, 어느 수에 △를 그려야 할까?

34~35쪽

- 13과 16 중 15보다 더 큰 수가 어느 수일까? ○○가 말한 수가 15보다 더 큰지 확인해 볼까? 11~20의 수를 연습장에 한 줄로 써 보자. 15에 ○를 해 보자. 13과 16을 찾아 각각 △를 해 볼래? 15보다 오른쪽에 있는 수는 15보다 더 큰 수이고 15보다 왼쪽에 있는 수는 15보다 더 작은 수란다.

체크 포인트

❶ 11~20의 수에 익숙해질 수 있도록 교재를 학습한 후에도 여러 가지 사물을 세어 보고 알맞은 수를 말해 보는 연습을 시켜 주세요.

❷ 수 쓰기 학습을 할 때, 아이가 각 숫자를 필순에 맞게 바르게 쓰는지 확인해 주세요.

❸ 11~20의 수를 학습하면서 1~10의 수도 복습해 주세요.

정답 및 지도서 A3

2주 11~20 수 익히기

지도 방법

① 11~20의 수 쓰기와 수 세기를 함께 해 보게 하여 수와 양을 일치시키는 연습을 시켜 주세요.

② 개수를 세어 보고 수를 쓰는 학습에 익숙해지면, 주어진 수를 읽고 그 수만큼 사물을 묶어 보는 학습을 합니다.

③ 아이와 함께 수를 써 보면서 1이 아닌 다른 수부터 수를 세어도 수의 계열성에는 변함이 없음을 알려 주세요.

④ 1~20의 수로 대소 비교를 하면서 '더 큰 수', '더 작은 수'를 찾아보게 해 주세요.

13차시

40~41쪽

• 동물들이 몇 마리인지 세어 보자.
• 셀 때 10개씩 묶어서 세어 보는 거야.
• 10개씩 묶음이 하나 만들어졌구나. 또 하나 만들 수 있니?
• 10개씩 묶음이 몇 개니? 낱개는 몇 개니? ○○가 쓴 수를 읽어 볼래?

14차시

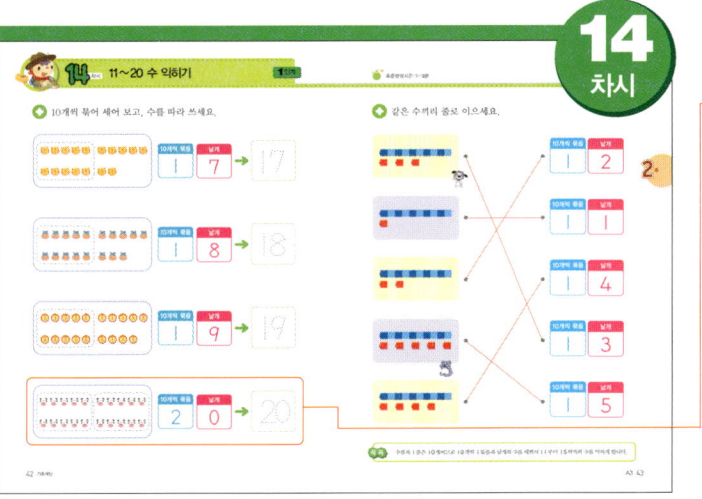

42~43쪽

• 동물들이 몇 마리인지 10개씩 묶어서 세어 볼래?
• 10개씩 묶음 몇 개가 만들어졌니?
• 낱개는 몇 개가 있니?
• 아무 것도 없는 것을 0이라고 하지? 20을 쓰고 읽어 볼래?

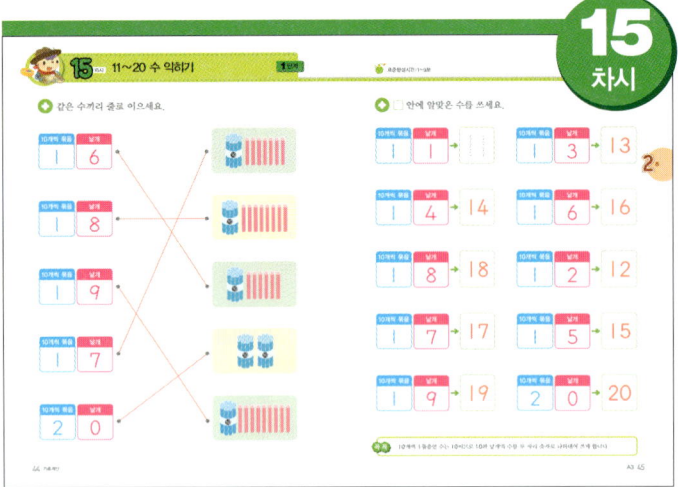

44~45쪽

- 수수깡 몇 개로 묶여 있는지 세어 볼래?
- 묶음은 십의 자리가 되고 낱개는 일의 자리가 된단다.

46~47쪽

- 블록이 몇 개인지 세어 볼까?
- 세야 할 것이 많을 때는 10개씩 묶어 세면 훨씬 빨리 셀 수 있단다.
- 10개씩 묶음 블록이 모두 1개씩 있으니까 낱개가 몇 개인지 세어 보면 어떤 수인지 금방 알 수 있단다.

48~49쪽

- 빵이 많이 있구나.
- 개수가 많을 때는 어떻게 세는 것이 빠를까?
- 그래. 10개씩 묶음과 낱개로 세면 되겠지.
- 10개씩 묶음이 몇 개지? 낱개는?
- 그럼 □ 안에 어떤 수를 써야 할까?

50~51쪽

- 동그라미들이 몇 개인지 각각 세어서 그 밑에 써 볼까?
- 10개씩 묶음과 낱개의 수로 세어 보자.
- 동그라미들의 개수를 다 써 보고, 오른쪽에서 같은 수를 찾아 연결해 볼까?

52~53쪽

- 11~20의 수 중에 가장 작은 수가 어떤 수지?
- 10개의 문제 중에 가장 적게 있는 것을 가리켜 볼래?
- 맞는지 확인해 볼까? 이번에는 가장 많이 있는 것을 가리켜 볼래?

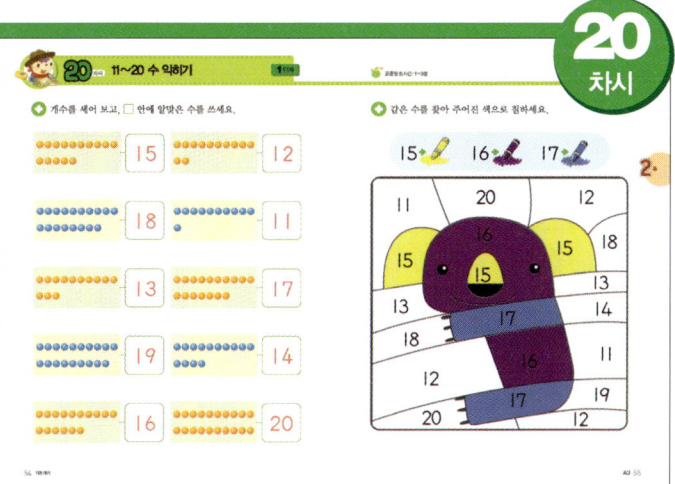

54~55쪽

- 노란색, 보라색, 파란색 중에 ○○는 어떤 색을 가장 좋아하니?
- 15에는 어떤 색으로 칠해야 하지?
- 모두 색칠하고 나니 무엇이 되었니?

21 차시

56~57쪽

- ○○이가 11~20의 수를 엄마와 많이 공부했으니까 혼자서도 잘 쓰고 읽을 수 있지?
- 11부터 20까지 빠짐없이 써 보자.
- 11~19의 수는 십의 자리는 다 똑같이 1로 쓰고 일의 자리만 1~9의 수를 쓸 때처럼 해 주면 되겠지?

22 차시

58~59쪽

- 20~11의 수를 거꾸로 세면서 빈칸을 채워 볼까?
- 잘 생각나지 않을 때에는 11~20의 수를 차례대로 세어 본 후에, 다시 거꾸로 세어 보렴.

23 차시

60~61쪽

- 물고기가 몇 마리인지 세어 볼래?
- 12, 13, 15 중에 14보다 더 큰 수는 어떤 수지?
- 십의 자리 숫자는 다 같으니까 일의 자리 숫자만 비교하면 되겠지?
- 2, 3, 5 중에 4보다 큰 수가 어떤 수지?

62~63쪽

- 19, 12처럼 십의 자리가 1로 같으면 일의 자리가 큰 수가 더 큰 수였지?

- 20과 19는 십의 자리가 서로 다르지? 2와 1 중 어느 수가 더 크지? 그래, 2가 더 크지. 그럼 20이 더 큰 수란다. 일의 자리 0과 9 중에 9가 훨씬 더 크지만 십의 자리가 더 크기 때문에 20이 더 큰 수란다.

체크 포인트

① 11~20의 수와 양 개념을 알고 있는지 확인해 보세요.

② 11~20의 수를 바르게 쓸 수 있는지 확인해 보세요.

③ 그림의 개수를 세어 보면서 11~20의 수 쓰기를 반복 학습합니다.

④ 11~20의 수를 충분히 익힐 수 있도록 교재를 학습한 후에도 지속적으로 숫자 읽기와 수 세기 활동을 해 주세요.

정답 및 지도서 A3

3주 1~20 종합

지도 방법

❶ 빈칸 채우기 학습을 통해 1~20의 수를 순서대로 알고 있는지, 수를 바르게 쓸 수 있는지 확인합니다. 수를 순서대로 읽으면서 빈칸에 들어갈 수를 자연스럽게 알 수 있도록 지도해 주세요.

❷ 아이가 1~20 수의 계열성을 정확히 익혔다면, 수와 양의 관계를 잘 알 수 있도록 일상생활에서 쉽게 볼 수 있는 사물들의 수 세기를 해 보게 하세요.

❸ 숫자 카드의 수만큼 블록 빨리 쌓기, 3개의 숫자 카드 중 가장 큰 수 빨리 집어 오기, 다음 수 맞히기 등 다양한 수놀이를 통해 재미있게 1~20의 수·양 개념과 계열성을 완전 학습할 수 있도록 지도해 주세요.

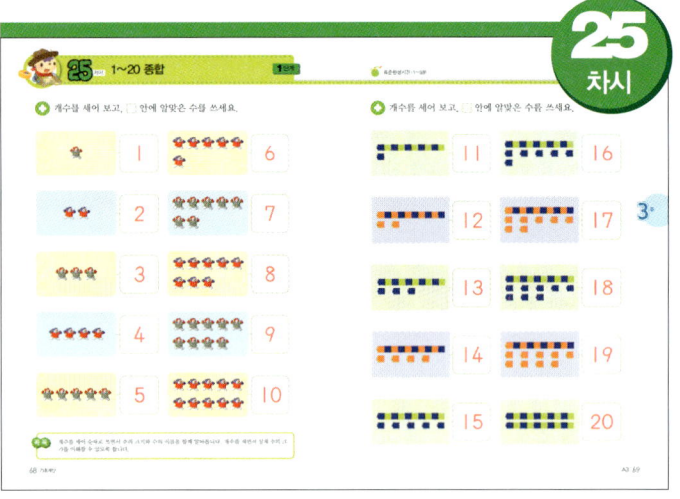

25차시

68~69쪽

- 1~10의 수를 세어 볼래?
  11~20의 수를 세어 볼래?
- 1~20의 수를 세어 볼래?
- 블록이 몇 개인지 세어 볼까?
- 셀 것이 많으면 10개씩 묶어 세라고 했던 거 기억하지?

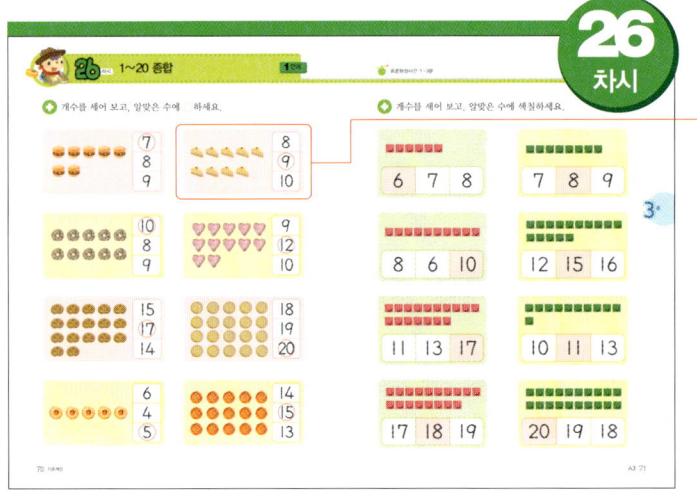

26차시

70~71쪽

- 케이크가 몇 개인지 세어 볼래?
- 10개씩 묶음이 만들어지니?
- 10개씩 묶기에는 1개가 부족하구나.
- 세 수 중에 어느 수에 ○했는지 큰 소리로 읽어 볼래?
- 10개가 되려면 케이크 몇 개가 더 있어야 할까?

72~73쪽

- 17을 두 가지 방법으로 읽어 볼래?
- 17은 10개씩 묶음 1개와 낱개 7개가 있는 거지?
- 7은 5보다 몇 큰 수이지? 그래, 5 다음 다음의 수니까 5보다 2 큰 수란다.
- 둘 중 어느 것이 17개인지 천천히 10개씩 묶고, 낱개의 수를 세어 볼까?

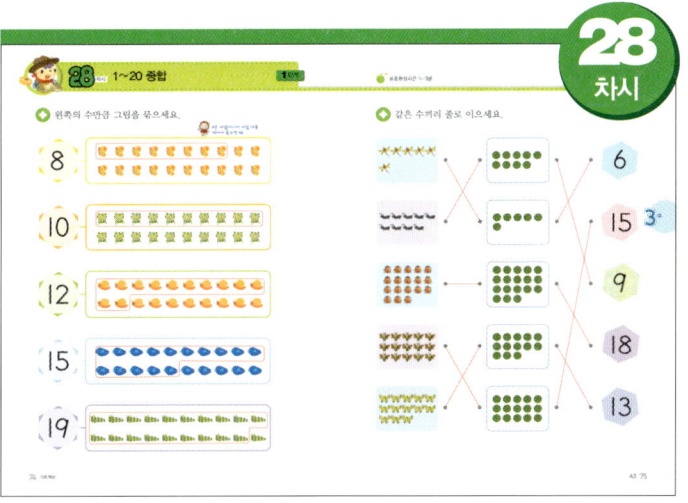

74~75쪽

- 곤충이 몇 마리인지 세어 볼래?
- 가운데 줄의 점 그림들 중에 잠자리의 개수와 같은 개수가 있는 것을 찾아볼까? 잠자리도 6개, 동그란 점도 6개. 6은 공부 많이 해서 어떻게 쓰는지 잘 알고 있지? 숫자 6이랑 연결해 보자.

76~77쪽

- 1~20의 수를 엄마와 하나씩 번갈아 가며 세어 볼까?
- 블록이 몇 개인지 세어 볼까?
- 10개씩 묶음 하고 몇 개가 남았니?
- 2개가 더 남았으니까 어떤 수를 써야 하지?

78~79쪽

- 10개의 문제 중에 가장 많은 개수가 있는 것을 가리켜 볼래?
- 몇 개인지 ○○가 세어 볼까?
- 10개씩 묶음이 몇 개이고, 낱개가 몇 개지?
- 어떤 수를 써야 하지?

80~81쪽

- 10개씩 묶음이 1개면 십의 자리에 몇을 쓰지?
- 낱개가 3개이면 일의 자리에 몇을 쓰지?
- 1~20 숫자 공부를 열심히 해서 어렵지 않지?
- 다른 문제도 풀어 볼래?

82~83쪽

- 16, 19, 17 세 수 중에 어느 수가 블록의 개수와 같은지 엄마와 같이 찾아보자. 블록이 몇 개인지 세어 볼까?
- 10개씩 묶음 하나에 낱개 블록은 몇 개이니? 낱개가 몇 개인지 세어 볼까? 10보다 1개 적으니까 9개지. 블록 개수랑 같은 수에 ○를 그려 볼래?

84~85쪽

- 7과 9 사이에 어떤 수가 있지?
- 7보다 1 큰 수이고, 9보다 1 작은 수지?
- 1부터 천천히 수를 세면서 다른 문제도 풀어 보자.

86~87쪽

- 11부터 20까지의 수를 세면서 빈칸을 채워 보자.
- 20~1의 수를 연습장에 쓰면서 세어 볼까?
- 먼저 10~1의 수를 세어 보고, 20~11의 수를 세어 보자.

88~89쪽

- 11과 8 중에 어느 수가 더 클까?
- 수를 순서대로 세었을 때 8을 11보다 먼저 세었지? 그럼 11이 8보다 더 큰 수라는 거란다.
- 또 11은 10보다 큰 수이고 8은 10보다 작은 수니까 답은 11이 되겠지.

90~91쪽

- 17, 18, 19 중에 가장 작은 수에 색칠을 해 보자. 숫자만 보고 셋 중 어느 수가 가장 작은 수인지 알겠니?
  어려우면 1~20(11~20)의 수를 연습장에 한 줄로 쓴 뒤, 세 수를 찾아 각각 표시해 보렴.
- 표시한 세 수 중에 가장 오른쪽에 있는 수가 가장 큰 수이고 가장 왼쪽에 있는 수가 가장 작은 수란다.

체크 포인트

1. 1~20의 수 쓰기 학습을 하면서 수를 정확히 읽는지, 필순에 맞게 바르게 쓰는지 확인해 주세요.
2. 다양한 문제를 풀어 보면서 1~20의 수와 양 개념을 정확히 알고 있는지 확인해 주세요.
3. 1~20의 수는 앞으로 배울 큰 수 학습에 기본이 되는 내용이므로 아이가 어려워하는 부분이 있으면 반복 학습을 통해 반드시 알고 넘어가도록 지도해 주세요.

정답 및 지도서 A3

4주 21~30 수 익히기

지도 방법

① 21~30의 수를 익히기 전에 앞에서 배운 1~20의 수를 반복하여 학습시켜 주세요.

② 21~30의 수를 익히고, 다양한 방법으로 수의 계열성과 수·양 개념을 이해하도록 지도해 주세요.

③ 10(십)은 낱개 10개가 모여서 만들어지는 새로운 단위입니다. 아이가 10단위를 이해하고, 1~30의 수를 셀 때 먼저 10개씩 묶음으로 분류한 뒤에 10개씩 묶음 단위가 십의 자리 수이고, 10개씩 묶음이 되지 않는 나머지 부분이 일의 자리 수임을 알게 해 주세요.

37 차시

96~97쪽

• 1~20의 수를 세어 볼래? 또 21~30의 수를 세어 볼래?
• 블록이 몇 개인지 세어 보자. 10개씩 묶어서 세어 볼까? 10개씩 묶음이 2개, 낱개는 8개 있구나.
• 28이라고 쓰고 이십팔, 스물여덟이라고 읽는단다.

38 차시

98~99쪽

• 모양이 몇 개인지 세어 볼까?
• 10개씩 묶음이 몇 개니? 두 개이면 십의 자리 숫자는 2가 되겠구나.
• 낱개는 몇 개니? 일의 자리 숫자도 2가 되는구나.

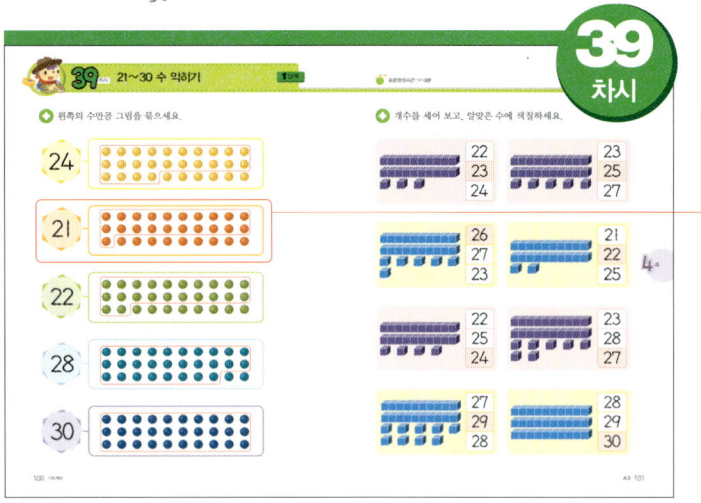

100~101쪽

- 쓰여 있는 수(21)를 읽어 볼래?
- 21만큼 묶어 보자. 10개씩 묶음은 몇 개가 있어야 하지? 낱개는 몇 개 있어야 하지? 한 줄에 몇 개씩 있는지 세어 볼래?
- 2줄하고 마지막 줄에 있는 1개를 더 묶으면 되겠구나.

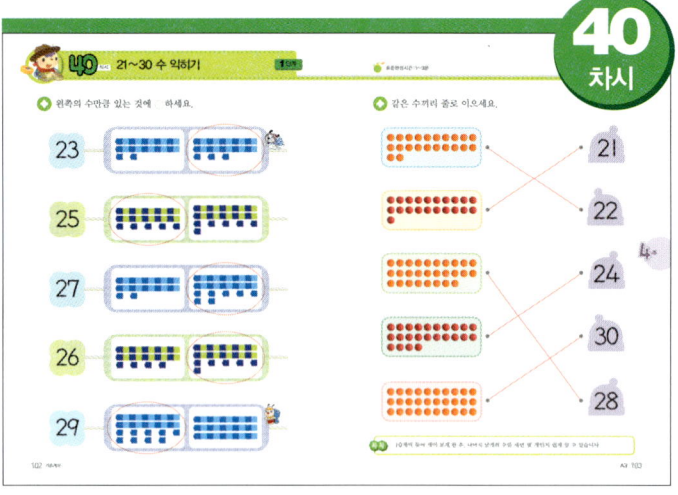

102~103쪽

- 큰 수를 셀 때에는 10개씩 묶음과 낱개의 수로 알아보면 쉽단다.
- 10개씩 묶음이 2개이면 20이지?
- 이제 낱개의 개수를 세어 보면 되겠지.

104~105쪽

- 한 줄에 몇 개가 있는지 세어 볼래?
- 세 줄 모두 10개씩 있구나. 10개씩 묶음이 3개니까 어떤 수를 써야 하지? 십의 자리(앞의) 숫자는 3이고 일의 자리(뒤의) 숫자는 몇이지? 아무것도 없으니까 0이 되겠지?

106~107쪽

- 블록이 몇 개인지 세어 볼까? 10개씩 묶음 블록이 몇 개지?
- 10개씩 묶음의 수로 십의 자리 숫자를 쓰고, 낱개의 수로 일의 자리 숫자를 쓰면 블록의 개수에 알맞은 수를 쓸 수 있단다.

108~109쪽

- 23을 개수 세는 방법으로 읽어 볼래.
- 23이면 10개씩 묶음이 몇 개니?
- 십의 자리(앞의 수, 2) 숫자가 10개씩 묶음의 개수를 나타내는 거였지?
- 낱개는 몇 개지? 일의 자리(뒤의 수, 3) 숫자가 낱개의 개수지?

110~111쪽

- 수수깡의 개수가 가장 많은 곳을 찾아볼래? 파란색 수수깡 묶음이 많은 것일수록 수수깡 개수가 많은 거지?
- 수수깡의 개수가 가장 적은 것은 어느 것일까? 파란색 수수깡이 2묶음씩 있는 것 중에서 빨간색 수수깡 개수가 가장 적은 것이 개수가 가장 적은 것이란다.

112~113쪽

- 21~30의 수를 세어 볼래? 앞에서 배웠던 1~20의 수를 세어 볼래?
- 1~30의 수를 쓰는 문제구나. 빈칸에 알맞은 수를 쓸 수 있겠니?
- 천천히 써 보렴.
- 9 다음의 수는? 19 다음의 수는? 29 다음의 수는? 우리 ○○도 엄마에게 다음의 수 문제를 내 볼래?

114~115쪽

- 세 칸 중에 가운데 칸에 27이라는 수가 쓰여 있구나.
- 왼쪽에는 27보다 1 작은 수가 들어가야겠지? 어떤 수가 들어가야 할까?
- 오른쪽에는 27보다 1 큰 수가 들어가야겠지? 어떤 수일까?
- 어려우면 21~30의 수를 연습장에 써 놓고 풀어 볼래?

116~117쪽

- 26, 27 중 어느 수가 더 큰 수일까? 수만 보고 알기 어려우면 블록을 세어서 알아보렴. 10개씩 묶음 2개는 같으니까 낱개의 수를 세어 보면 되겠지?
- 27이 26보다 낱개가 하나 더 많으니까 27이 더 큰 수지.

118~119쪽

▶ 23, 24, 25 세 수 중에서 가장 작은 수를 찾는 문제구나. 앞에서 이런 문제 풀었던 거 기억하니? 먼저 십의 자리 숫자를 비교해서 작은 수가 가장 작은 수가 됐지? 23, 24, 25는 모두 2로 같으니까 일의 자리 숫자를 비교해서 가장 작은 수를 구해야겠구나. 3, 4, 5 중 어떤 수가 가장 작지? 그럼, 23이 가장 작은 수가 된단다.

체크 포인트

❶ 1~20 수의 규칙과 계열성을 이해한 것을 바탕으로 21~30의 수를 익힐 수 있도록 충분히 연습시켜 주세요.

❷ 아이 혼자서 21~30 수의 순서를 말해 보게 하여 21~30 수의 규칙과 계열성을 이해하고 있는지 확인해 주세요.

❸ 21~30 수의 순서를 정확히 알고 있으면, 21부터 순서대로 각 수의 이름과 세는 말을 큰 소리로 말하기를 아이가 익숙해질 때까지 반복 학습하게 해 주세요.

❹ 21~30 수와 양 개념을 완전히 이해하면 수만 보고도 대소 비교를 할 수 있습니다. 2개의 수를 쓰거나 불러 주고, 어떤 수가 더 큰 수인지 바르게 대답할 수 있는지 확인해 주세요.

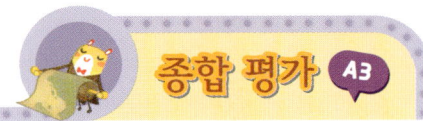

종합 평가 A3

120~122쪽

- 1~30의 수를 세어 볼래?
- 1~30의 수를 거꾸로 세어 볼래?
- 블록의 개수를 세어서 써 보자.
- 블록의 개수가 많은 것은 10개씩 묶어서 세야 해.
- 세 수 중 가장 큰 수에 ○를 하라고 했구나.
- 두 자리 수이면 먼저 십의 자리 숫자를 비교해서 가장 큰 수라고 했지?
  십의 자리 숫자가 같으면 일의 자리 숫자끼리 비교해서 일의 자리 숫자가 큰 수가 가장 큰 수였지?

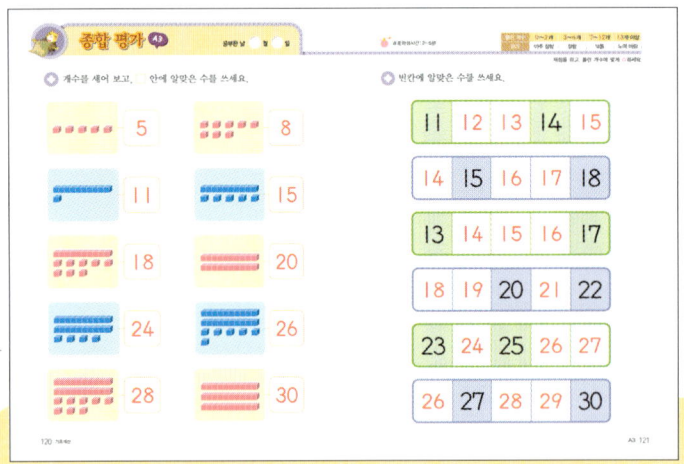